でんじろう先生《せんせい》の科《か》学《がく》は爆《ばく》発《はつ》だ

おもしろ科《か》学《がく》者《しゃ》大《だい》図《ず》鑑《かん》

監《かん》修《しゅう》　米《よね》村《むら》でんじろう

幻冬舎

ねえ そこの君《きみ》
科学《かがく》の進歩《しんぽ》って すごいと 思《おも》わない？
君《きみ》たちが 生《う》まれて ほんの数年《すうねん》の あいだでさえ
新《あたら》しいモノが どんどん 出《で》てきている でしょう？
じゃあ いまの便利《べんり》な世《よ》の中《なか》を つくった技術《ぎじゅつ》や 自然《しぜん》の法則《ほうそく》を 見《み》つけた人《ひと》って どんな人《ひと》だと思《おも》う？
偉大な科学者のへや
どんな人《ひと》か 知《し》りたいよね？ そう思《おも》う人《ひと》に ピッタリの本《ほん》が これ！
初《はじ》めにちょっと のぞいてみようか

あっちかな？なんだかにぎやかです
ガヤガヤ
こんにちは～未来《みらい》から来《き》ました～
どこから来《き》たの？
21世紀《せいき》の日本《にほん》です
そりゃずいぶん遠くから
未来人《みらいじん》だ
どうだい未来《みらい》は？人間《にんげん》は空《そら》を飛《と》んでいるかい？
21世紀っていつ!?
空《そら》も飛《と》べるし宇宙《うちゅう》にも行《い》けますよ

タイムマシンはできたかな？
それはまだ…
蒸気のパワーは
ガンはなおるかな？
ワクチンは
動物電気《どうぶつでんき》、本当《ほんとう》にあるんでしょ？
ねえ！
わたしまだ「死《し》の商人《しょうにん》」ってよばれてんの？
そんなことない!!
ねえよばれてんの？
そんなことないです!!
あ！そろそろ帰《かえ》らなきゃ！
それでは！
ねえ〜
バタン
えーと…
このように科学者《かがくしゃ》って奇人《きじん》…あ、クセが…あ、
個性《こせい》が強《つよ》い人《ひと》が多《おお》いんだよね
ではさっそくそんな彼《かれ》らのかつやくを見《み》に行《い》こう！
本文

目次《もくじ》

すごくまじめで ちょっとおかしな 科学者《かがくしゃ》に会《あ》いに行《い》こう

ピタゴラス

世界《せかい》はぜんぶ「数《かず》」で説明《せつめい》できる

「たましいはふめつだ！」といって、秘密《ひみつ》の教団《きょうだん》をつくったピタゴラス。2600年《ねん》くらいも前《まえ》の人《ひと》なのに、数学《すうがく》や哲学《てつがく》の分野《ぶんや》ではいまもよく知《し》られています。

ところで、数学《すうがく》はともかく哲学《てつがく》という言葉《ことば》を初《はじ》めて聞《き》いた人《ひと》もいるかもしれませんので、哲学《てつがく》についてかんたんに説明《せつめい》しておきます。哲学《てつがく》とは、かんたんにいうと「なにがいいことで、なにが悪《わる》いことか」「神《かみ》さまは本当《ほんとう》にいるの？」といった、みんなが

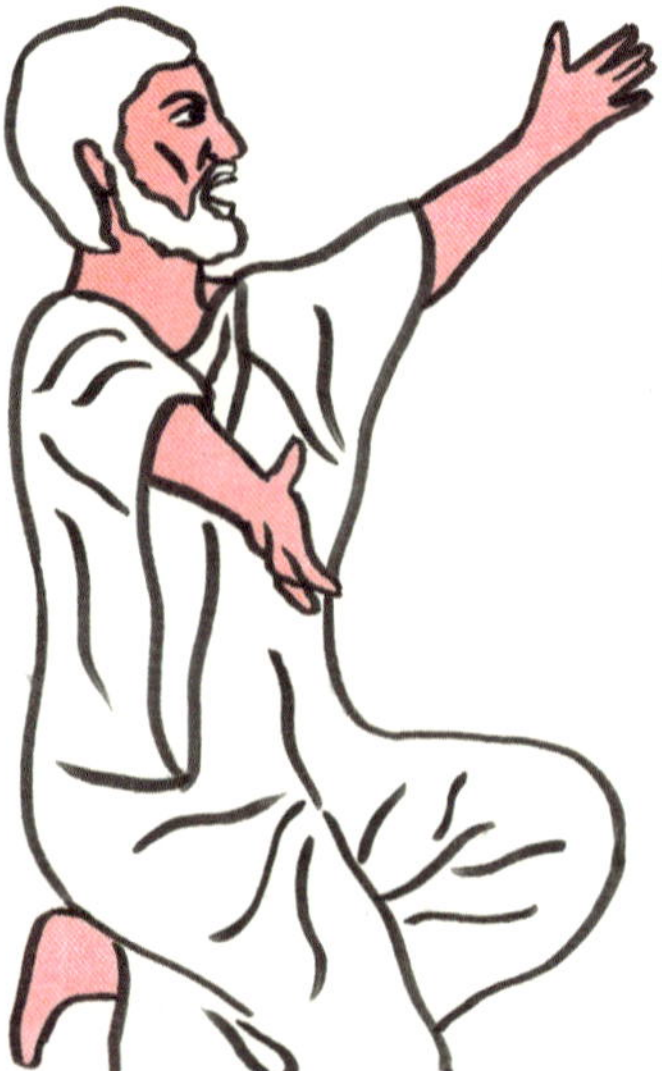

プロフィール

- 生没年《せいぼつねん》　紀元前《きげんぜん》570年《ねん》ごろ～前《ぜん》496年《ねん》ごろ
- 生誕地《せいたんち》　ギリシャ
- まだ若《わか》いころにギリシャを出《で》てあちこちの国《くに》を旅《たび》したといわれている。イタリアでは音楽《おんがく》、数学《すうがく》、天文学《てんもんがく》、医学《いがく》を研究《けんきゅう》した。

不思議《ふしぎ》だと思《おも》っていることを追究《ついきゅう》する学問《がくもん》です。

さて、**ピタゴラスは宇宙《うちゅう》のすべてのものは数《かず》であらわすことができると考《かんが》えました。**たとえば、ピタゴラスは**10は完全《かんぜん》な数字《すうじ》だといいました。**下《した》の図《ず》を見《み》てください。1つの点《てん》から始《はじ》まって1つずつ点《てん》がふえていってだんだん形《かたち》ができあがり、4つの点《てん》で立体《りったい》に。10個《こ》の点《てん》はこれらすべてをふくみます。これを見《み》ると、「なるほど」と思《おも》いませんか。また、中学校《ちゅうがっこう》で勉強《べんきょう》する**「ピタゴラスの定理《ていり》」は、数《かず》や図形《ずけい》について考《かんが》えた結果《けっか》、生《う》まれたものです。**

ピタゴラス教団《きょうだん》では、たましいをきれいにするために、厳《きび》しいきまりをつくって、まじめで清《きよ》く正《ただ》しい生活《せいかつ》をしながら、数学《すうがく》や天文学《てんもんがく》、哲学《てつがく》や音楽《おんがく》などを研究《けんきゅう》しました。そのきまりのなかには足《あし》をあらうときは左足《ひだりあし》からとか、暗《くら》いなかで話《はな》してはいけないとか、いろいろなものがありました。

教団《きょうだん》の研究《けんきゅう》の内容《ないよう》はぜったいに秘密《ひみつ》で、しゃべってしまった弟子《でし》は死刑《しけい》になったそうです。それでも大人気《だいにんき》だったというのですから、不思議《ふしぎ》ですね。

10個《こ》の点《てん》で点《てん》から立体《りったい》ができる

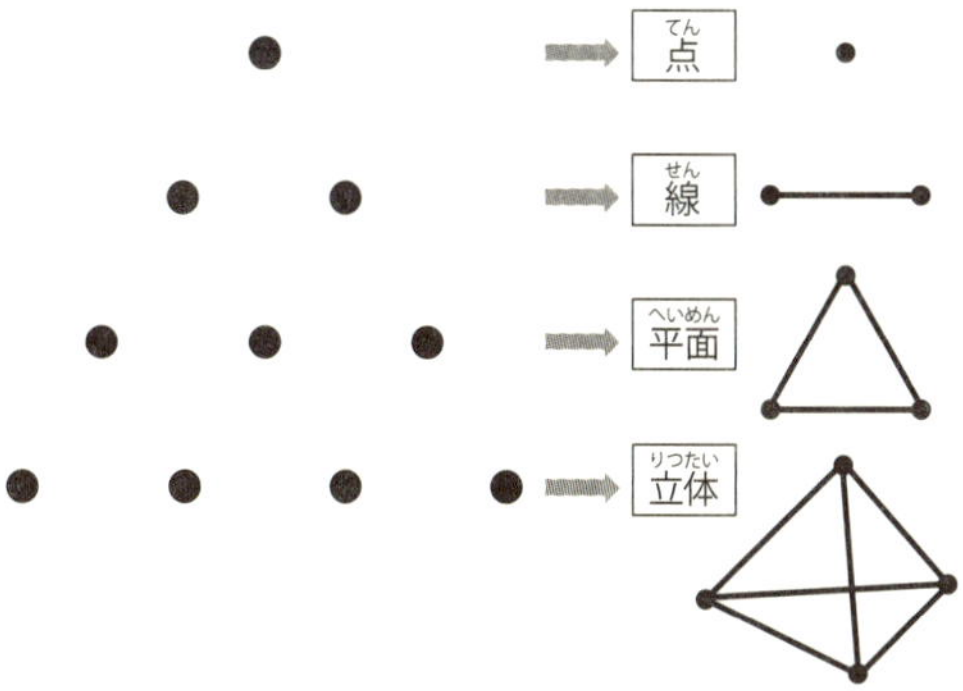
点《てん》
線《せん》
平面《へいめん》
立体《りったい》

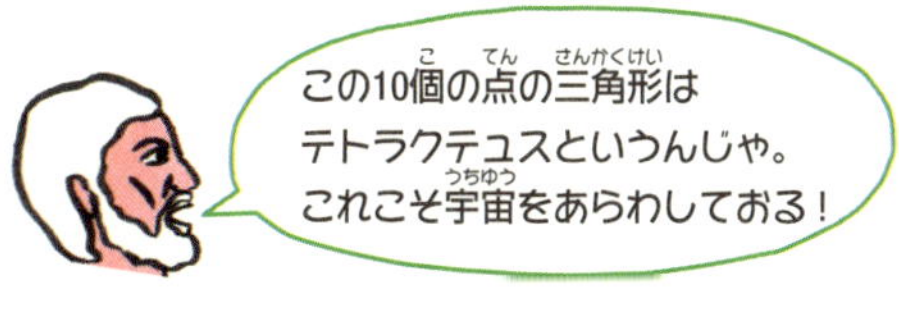
この10個《こ》の点《てん》の三角形《さんかくけい》は
テトラクテュスというんじゃ。
これこそ宇宙《うちゅう》をあらわしておる！

アリストテレス

三段論法《さんだんろんぽう》もひとっ飛《と》び 勉強《べんきょう》の鬼《おに》から神《かみ》さまへ

「いい性格《せいかく》の人《ひと》がいいことをするんじゃない。いいことをしたから、いい性格《せいかく》になるんだよ」。アリストテレスの言葉《ことば》です。まぁそうかもね。

アリストテレスは古代《こだい》ギリシャ時代《じだい》のとても有名《ゆうめい》な哲学者《てつがくしゃ》です。

プラトン（この人《ひと》もまた超有名《ちょうゆうめい》な哲学者《てつがくしゃ》）の弟子《でし》になり、プラトンが開《ひら》いていた学校《がっこう》「アカデメイア」で20年間《ねんかん》も学《まな》んだ勉強《べんきょう》の鬼《おに》です。

プラトンが死《し》んでからは、哲学《てつがく》、政治学《せいじがく》、文学《ぶんがく》、

プロフィール

●生没年《せいぼつねん》　紀元前《きげんぜん》384年《ねん》ごろ～前《ぜん》322年《ねん》ごろ

●生誕地《せいたんち》　マケドニア

●父親《ちちおや》はマケドニアの王《おう》さまの医者《いしゃ》だった。有名《ゆうめい》な哲学者《てつがくしゃ》プラトンが始《はじ》めた学校《がっこう》「アカデメイア」に入《はい》り、さまざまな学問《がくもん》を研究《けんきゅう》する。

歩《ある》きながら勉強《べんきょう》すると……あぶないね

わたしはアリストテレス
知識《ちしき》を愛《あい》する賢人《けんじん》じゃ
恩師《おんし》プラトンの学校《がっこう》で20年間《ねんかん》学《まな》んだり
アレクサンドロス3世《せい》の家庭教師《かていきょうし》をしたり自分《じぶん》でも学校《がっこう》をつくったりしたんじゃ
リュケイオン
よく屋根《やね》つきの散歩道《さんぽみち》を歩《ある》きながら生徒《せいと》に教《おし》えたものだから
あーだ
こーだ
逍遥学派《しょうようがくは》などとよばれたものよ
あ、逍遥《しょうよう》って散歩《さんぽ》とかそぞろ歩《ある》きのことね
なつかしいのぅ
歩《ある》きながらものを考《かんが》えてひらめいたりよいアイデアが浮《う》かんだりしたこと君《きみ》にもあるじゃろう？
!
歩《ある》くことは脳《のう》にいいのかも
ただし、考《かんが》えごとに夢中《むちゅう》になって事故《じこ》にあわないよう気《き》をつけなされよ！

物理学《ぶつりがく》、博物学《はくぶつがく》などを学《まな》ぶ学校《がっこう》「リュケイオン」を自分《じぶん》でもつくってしまいました。鬼《おに》を卒業《そつぎょう》して、勉強《べんきょう》の神《かみ》さままでですね。

また、後《のち》にペルシャを征服《せいふく》するアレクサンドロス3世《せい》の家庭教師《かていきょうし》をしたこともあります。

アリストテレスが考《かんが》えた学問《がくもん》をするときの方法《ほうほう》は、その後《ご》の時代《じだい》のイスラムやヨーロッパの人々《ひとびと》のお手本《てほん》になりました。たとえば「三段論法《さんだんろんぽう》」という考え方《かんがかた》があります。「人間《にんげん》はみんないつか死《し》ぬ。わたしは人間《にんげん》である。だから、わたしもいつか死《し》ぬ」という考《かんが》え方《かた》です。これはいまでも、ものごとを深《ふか》く考《かんが》えていくときの基本《きほん》になっています。「わたしは空《そら》を飛《と》べない。わたしは人間《にんげん》だ。だから人間《にんげん》は空《そら》を飛《と》べない」。これはおおまちがい！　どこがまちがっているかな？

1900年間《ねんかん》も信《しん》じられてきたアリストテレスの考《かんが》え

生物《せいぶつ》の分類《ぶんるい》を最初《さいしょ》に研究《けんきゅう》したのもアリストテレスです。生物《せいぶつ》を植物《しょくぶつ》と動物《どうぶつ》にわけ、さらに血《ち》があるものとないものにわけ、という具合《ぐあい》にこまかく分類《ぶんるい》していきました。動物《どうぶつ》の解剖《かいぼう》もしています。

アリストテレスは、地球《ちきゅう》には重力《じゅうりょく》はない、太陽《たいよう》は地球《ちきゅう》を中心《ちゅうしん》にまわっている、すべてのモノは火《ひ》、空気《くうき》、水《みず》、土《つち》の組《く》み合《あ》わせでできているなどと考《かんが》えました。こうした考《かんが》えは、その後《ご》1900年間《ねんかん》も信《しん》じられてきました。いまとなっては、こうしたまちがいは、頭《あたま》のなかだけで考《かんが》えて実験《じっけん》をしなかったからだといわれています。立派《りっぱ》すぎて、みんなが神《かみ》さまのように信《しん》じてしまったのかも。

アルキメデス

お風呂《ふろ》で大発見《だいはっけん》「ヘウレーカ！」

アルキメデスは数学者《すうがくしゃ》で発明家《はつめいか》でした。お風呂《ふろ》に入《はい》っているとき、水《みず》にモノが浮《う》く「浮力《ふりょく》」を発見《はっけん》した「アルキメデスの原理《げんり》」の話《はなし》が有名《ゆうめい》です。

アルキメデスはイタリアのシチリア島《とう》にあるシラクサというところで生《う》まれ、アレクサンドリアというギリシャの都会《とかい》で勉強《べんきょう》したあと、またシラクサにもどって王《おう》さまに仕《つか》え、王《おう》さまの保護《ほご》のもと、研究《けんきゅう》をしていました。

王《おう》さまはあるとき、職人《しょくにん》に純金《じゅんきん》のかたまりをわ

プロフィール

- 生没年《せいぼつねん》　紀元前《きげんぜん》287年《ねん》ごろ～前《ぜん》212年《ねん》ごろ
- 生誕地《せいたんち》　イタリア
- シチリア島《とう》で生《う》まれた。学問《がくもん》の中心地《ちゅうしんち》アレクサンドリアに行《い》き、科学《かがく》の勉強《べんきょう》をした。比重《ひじゅう》、浮力《ふりょく》、てこの原理《げんり》などを発見《はっけん》。

お風呂《ふろ》はアイデアの泉《いずみ》だね

たして、王冠《おうかん》をつくらせました。金《きん》は、当時《とうじ》もいまと同《おな》じようにとても価値《かち》のあるものでした。すばらしい王冠《おうかん》ができあがり、王《おう》さまは満足《まんぞく》でした。ところが、職人《しょくにん》がごまかして金《きん》の一部《いちぶ》を自分《じぶん》のものにし、銀《ぎん》をまぜて王冠《おうかん》をつくったと告《つ》げ口《ぐち》する人《ひと》が出《で》てきました。そこで、王《おう》さまはアルキメデスに、王冠《おうかん》が全部金《ぜんぶきん》でできているかどうか調《しら》べてほしいとたのみました。

はだかで町《まち》を走《はし》るほど喜《よろこ》んだ

アルキメデスはとても困《こま》りました。どうしたら、王冠《おうかん》が全部金《ぜんぶきん》でできているかどうかを調《しら》べられるでしょうか。そんなとき、アルキメデスはお風呂《ふろ》に入《はい》ると、自分《じぶん》の体《からだ》と同《おな》じぶんだけお湯《ゆ》があふれだすことに気《き》づきました。アルキメデスはあまりにもうれしくて、「ヘウレーカ、ヘウレーカ！（発《はっ》見《けん》した！）」と叫《さけ》んで、そのまま町《まち》に飛《と》びだして、はだかで町《まち》を走《はし》りまわったそうです。

アルキメデスは王冠《おうかん》と同《おな》じ重《おも》さの金《きん》を用意《ようい》し、問題《もんだい》になっている銀《ぎん》がまぜてあるかもしれない王冠《おうかん》と用意《ようい》した金《きん》をそれぞれ水《みず》をはったおけに入《い》れました。すると、上《あ》がった水面《すいめん》の高《たか》さがちがいました。これによって、王冠《おうかん》に銀《ぎん》がまざっていることを証明《しょうめい》したのです。

ただし、この実験《じっけん》はつくり話《ばなし》ではないかともいわれています。アルキメデスだったら、もっとかしこい実験《じっけん》をするはずだというのです。

うそをついた職人《しょくにん》は、どうなりましたか？
死刑《しけい》じゃよ。君《きみ》たちも気《き》をつけなさい。

アルキメデス

ロジャー・ベーコン

考《かんが》えてるひまがあれば実験《じっけん》してみよう

ベーコンは頭《あたま》キレッキレの自然科学者《しぜんかがくしゃ》、哲学者《てつがくしゃ》です。オックスフォード大学《だいがく》やパリ大学《だいがく》で数学《すうがく》や哲学《てつがく》を勉強《べんきょう》し、その後《ご》、大学《だいがく》の先生《せんせい》やキリスト教《きょう》の修道士《しゅうどうし》になりました。

キリスト教以外《きょういがい》の宗教《しゅうきょう》を学《まな》ぶためにギリシャ語《ご》やヘブライ語《ご》などを勉強《べんきょう》。さまざまな学問《がくもん》をよく知《し》っていたので、「驚異博士《きょういはかせ》」というあだ名《な》でよばれました。

その時代《じだい》には、神《かみ》さまがこの世界《せかい》のすべてのモ

プロフィール

- 生没年《せいぼつねん》　1220年《ねん》ごろ〜1292年《ねん》ごろ
- 生誕地《せいたんち》　イギリス
- オックスフォード大学《だいがく》、パリ大学《だいがく》で勉強《べんきょう》し大学《だいがく》の先生《せんせい》になる。科学《かがく》には経験《けいけん》や実験《じっけん》が大事《だいじ》だと考《かんが》えていたが、同時《どうじ》に錬金術《れんきんじゅつ》や占《うらな》いを信《しん》じていた。『大著作《だいちょさく》』などの本《ほん》をかいたことで、修道会《しゅうどうかい》により10年間《ねんかん》もろう屋《や》に入《い》れられた。

ノをつくったと考《かんが》えられており、なんでもかんでも神《かみ》さまを中心《ちゅうしん》に考《かんが》えていたのですが、ベーコンは哲学《てつがく》と神《かみ》さまはわけて考《かんが》えることが大切《たいせつ》だといいました。

また、それまでの科学者《かがくしゃ》たちは、宇宙《うちゅう》や自然《しぜん》を観察《かんさつ》したり記録《きろく》したりして、特徴《とくちょう》などを整理《せいり》し、知識《ちしき》として学問《がくもん》をつくっていったのですが、ベーコンは実験《じっけん》をしたり、経験《けいけん》したことをもとにし、証拠《しょうこ》をたくさん積《つ》み上《あ》げながら研究《けんきゅう》することが大事《だいじ》だと考《かんが》えました。いまでこそあたりまえの考《かんが》え方《かた》ですが、当時《とうじ》はみんなから「わけのわからん話《はなし》だ」と思《おも》われました。

さらに、ベーコンは研究《けんきゅう》でわかったことを実際《じっさい》に生《い》かしていくことが大切《たいせつ》だとも考《かんが》えました。知識《ちしき》を使《つか》えば自然《しぜん》を支配《しはい》することもできる、という近代科学《きんだいかがく》はベーコンから始《はじ》まったのです。

そうした考《かんが》えから、ベーコンは飛行機《ひこうき》や望遠鏡《ぼうえんきょう》などがつくられることを予測《よそく》しました。けれどキリスト教《きょう》の仲間《なかま》たちからはとんでもないヤツだとおそれられて、床《ゆか》みがきや庭《にわ》の手入《てい》れなどをおしつけられたりしました。食事《しょくじ》を与《あた》えられないこともあったといいます。それでもベーコンは哲学《てつがく》、言語《げんご》、数学《すうがく》、光学《こうがく》などについて研究《けんきゅう》した『大著作《だいちょさく》』という本《ほん》をかいています。

ヨハネス・グーテンベルク

ごめん！ 印刷機《いんさつき》で歴史《れきし》を変《か》えちゃった

グーテンベルクは、いまならインターネットを発明《はつめい》したためちゃイケてる人《ひと》、といったところです。

そんなオーバーな、といわれそうですが、グーテンベルクが発明《はつめい》した印刷《いんさつ》の技術《ぎじゅつ》は、それくらいすごいことだったのです。

インターネットができて、いろいろな情報《じょうほう》があっという間《ま》に広《ひろ》がり、暮《く》らしも変《か》わりました。印《いん》刷《さつ》も同《おな》じです。それまで1冊《さつ》ずつ手《て》で書《か》き写《うつ》していた本《ほん》を安《やす》く、はやく、たくさんつくることがで

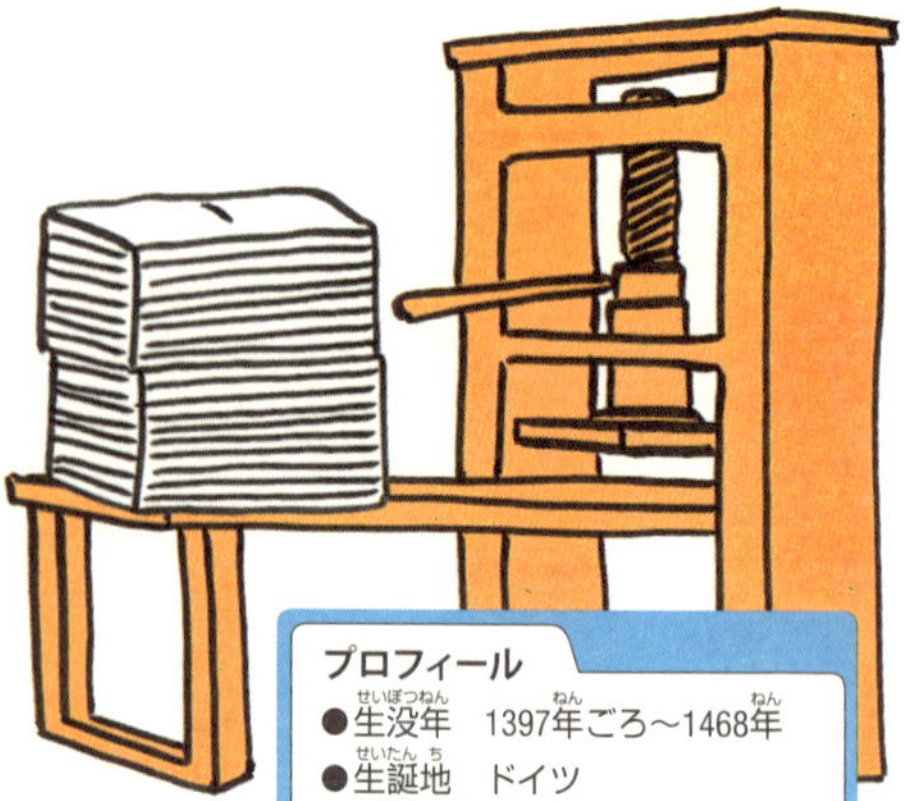

プロフィール

●生没年《せいぼつねん》　1397年《ねん》ごろ～1468年《ねん》

●生誕地《せいたんち》　ドイツ

●印刷《いんさつ》の技術《ぎじゅつ》を考《かんが》え、印刷《いんさつ》や出版《しゅつぱん》の仕事《しごと》をした。借金《しゃっきん》をしたお金《かね》を返《かえ》さなかったため、裁判《さいばん》になったこともある。

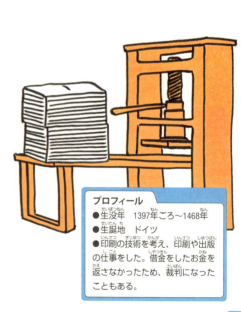

きるようになったため、その時代《じだい》の新《あたら》しい知識《ちしき》が一般《いっぱん》の人《ひと》たちに広《ひろ》まりました。

知識《ちしき》や情報《じょうほう》がジャンジャン広《ひろ》まったことで、ヨーロッパのルネッサンスという文化《ぶんか》がみがかれたのですが、いっぽうで**グーテンベルクが聖書《せいしょ》を印《いん》刷《さつ》したものだから、みんなが聖書《せいしょ》を読《よ》むようになりました。**そんなことから、「カトリック教会《きょうかい》はおかしいだろー」と声《こえ》をあげる人《ひと》が出《で》て、キリスト教《きょう》が分裂《ぶんれつ》するさわぎに。キリスト教《きょう》にとっては大炎上《だいえんじょう》です。グーテンベルクがそうしたかったわけでもないのに、なぜかえらいことがおきてしまった！　びっくりしたでしょうね（でも、そのときにはもう亡《な》くなっていましたけどね）。

グーテンベルクはヨーロッパの歴史《れきし》を動《うご》かした、といわれているんだよ。

グーテンベルクは、**ブドウしぼり器《き》を見《み》て、印《いん》刷《さつ》の方法《ほうほう》を思《おも》いつきました。**かんたんにいえば、1文字《もじ》ずつのハンコを並《なら》べてインクをつけて紙《かみ》にあて、上《うえ》からギュッと押《お》すもの。これを**「活版印《かっぱんいん》刷《さつ》」といいます。**グーテンベルクは1455年《ねん》ごろには**世界最古《せかいさいこ》の活版印刷《かっぱんいんさつ》の本《ほん》『42行聖書《ぎょうせいしょ》』という聖書《せいしょ》をたくさん印刷《いんさつ》しました。**

ただ、その印刷機《いんさつき》をつくるときに、ある人《ひと》にお金《かね》を貸《か》してもらいました。どういう約束《やくそく》だったのか、成功《せいこう》したあとで返済《へんさい》をせまられ、裁判《さいばん》に。そして、負《ま》け。印刷所《いんさつじょ》もお金《かね》もなくしましたが、グーテンベルクはあきらめません。別《べつ》の人《ひと》にお金《かね》を出《だ》してもらい、また本《ほん》を出版《しゅっぱん》しました。グーテンベルクはへこたれない男《おとこ》だったのです。

知《し》ってた？

錬金術《れんきんじゅつ》はトンデモ科学《かがく》？

金《きん》じゃないものを金《きん》にするのが錬金術《れんきんじゅつ》。「それって、トンデモ科学《かがく》？」と思《おも》ってしまいますね。科学《かがく》が進歩《しんぽ》した時代《じだい》のわたしたちから見《み》るとうさんくさいのですが、昔《むかし》の人《ひと》はいっしょうけんめいに錬金術《れんきんじゅつ》に取《と》り組《く》んでいました。

錬金術《れんきんじゅつ》は紀元《きげん》1世紀《せいき》ごろからエジプトで始《はじ》まり、ギリシャやペルシャ、ヨーロッパでもさかんになりました。銀《ぎん》や銅《どう》のように価値《かち》の低《ひく》い金属《きんぞく》を金《きん》に変《か》えられないかな、もし変《か》えられたらモノがどのようにできているのかがわかるかも、という好奇心《こうきしん》がもとにありました。16世紀《せいき》ごろまでは、化学者《かがくしゃ》たちが化学《かがく》と錬金術《れんきんじゅつ》の両方《りょうほう》を研究《けんきゅう》していたことからもそれがわかります。ただ、あまりに秘密《ひみつ》めいてしまったので、あやしまれることになったのです。

そうはいっても、いろいろなものとまぜたり、あたためたり、冷《ひ》やしたり、たたいたり、おまじないをしたりするうちに、ぐうぜん薬《くすり》ができたり、いまの化学《かがく》の研究《けんきゅう》に近《ちか》いものになったりすることもあって、薬学《やくがく》や化学《かがく》の発展《はってん》につながりました。あのニュートンも、錬金術《れんきんじゅつ》についてノートを残《のこ》しています。

レオナルド・ダ・ヴィンチ

絵《え》も音楽《おんがく》も解剖《かいぼう》だって朝飯前《あさめしまえ》

人類史上最高《じんるいしじょうさいこう》の天才《てんさい》ダ・ヴィンチ。あんまりすごすぎて、同《おな》じ人間《にんげん》とは思《おも》えませんね。なにをやっても飛《と》びぬけて上手《じょうず》で、そのアイデアはどれもびっくりするほど新《あたら》しいのです。

ダ・ヴィンチはイタリアでルネッサンスという文化《ぶんか》がさかえた時期《じき》にかつやくした人《ひと》です。

14才《さい》のときにヴェロッキオというイタリア人《じん》の画家《がか》に入門《にゅうもん》しましたが、ダ・ヴィンチの絵《え》があまりにすばらしいので、先生《せんせい》であるヴェロッキオは

プロフィール

- 生没年《せいぼつねん》　1452〜1519年《ねん》
- 生誕地《せいたんち》　イタリア
- ヴィンチという村《むら》で生《う》まれ、14才《さい》のときにフィレンツェに行《い》って絵《え》の勉強《べんきょう》を始《はじ》めた。あまりに上手《じょうず》で、先生《せんせい》のほうが絵描《えか》きをやめてしまうほどだった。

こんな人《ひと》に会《あ》ってみたかった

天才芸術家《てんさいげいじゅつか》
レオナルド・ダ・ヴィンチ
絵画《かいが》はもちろん
彫刻《ちょうこく》・建築《けんちく》・音楽《おんがく》
数学《すうがく》・物理学《ぶつりがく》
左利き《ひだりきき》
あらゆる面《めん》で
才能《さいのう》を発揮《はっき》
当時《とうじ》としては斬新《ざんしん》な
アイデアを記《しる》した
メモやスケッチを
たくさん残《のこ》し
後《のち》の
世《よ》の人々《ひとびと》を
驚《おどろ》かせました
まさに天才《てんさい》!
…だけど
完成作品《かんせいさくひん》は絵画《かいが》で
15点《てん》ほどと
わりと少《すく》なめです
完璧主義《かんぺきしゅぎ》
う〜ん
なんかちがう
先生
まだですか〜
弟子《でし》

画家《がか》をやめてしまいました。ダ・ヴィンチの作品《さくひん》には、「最後《さいご》の晩餐《ばんさん》」や「モナ・リザ」があります。とても有名《ゆうめい》ですから、みなさんも知《し》っているのではないでしょうか。モナ・リザの笑《わら》っているような、いないようなビミョーな顔《かお》。よくかけましたよね。

もっと人間《にんげん》を知《し》りたいという興味《きょうみ》がいっぱい

飛行機《ひこうき》が初《はじ》めて空《そら》を飛《と》んだ400年以上《ねんいじょう》も前《まえ》に、ダ・ヴィンチは**鳥《とり》と同《おな》じような機械《きかい》をつくれば、人間《にんげん》も空《そら》を飛《と》べるんじゃないかと考《かんが》えました。**そのために、鳥《とり》の重《おも》さや羽《はね》の具合《ぐあい》など鳥《とり》の飛《と》び方《かた》についてくわしく研究《けんきゅう》しました。それだけではありません。馬《うま》や人《ひと》で動《うご》く戦車《せんしゃ》、ヘリコプターのようなもの、運河《うんが》やはい水《すい》の設備《せつび》をつくる工夫《くふう》なども考《かんが》えていました。

人間《にんげん》を解剖《かいぼう》したスケッチもたくさん残《のこ》っています。もともと絵《え》をかくために、人《ひと》をすみからすみまでくわしく観察《かんさつ》していました。でも、それだけではものたりなくて、もっと人《ひと》を本物《ほんもの》そっくりにえがくためには、**体《からだ》のなかや骨《ほね》や筋肉《きんにく》のつき方《かた》がわかったほうがいいにちがいないと考《かんが》えて解剖《かいぼう》をするようになったそうです。**

自分《じぶん》で発明《はつめい》した楽器《がっき》をつくったり、作詞作曲《さくしさっきょく》をしたりと、音楽家《おんがくか》としても有名《ゆうめい》でした。

実際《じっさい》の絵《え》や建物《たてもの》などはあまり残《のこ》っていませんが、500枚《まい》くらいのスケッチや、考《かんが》えをまとめたノートが5000ページくらい残《のこ》っています。

ダ・ヴィンチはメモ魔《ま》だったのかな？
レオナルド・ダ・ヴィンチ

よく飛《と》ぶブーメランをつくろう!

ブーメランは飛行機《ひこうき》のつばさと同《おな》じように、羽根《はね》で風《かぜ》の力《ちから》を受《う》けて飛《と》ぶんだよ。ブーメランは羽根《はね》を少《すこ》しねじって、縦向《たてむ》きに投《な》げるともどってくるんだ。横向《よこむ》きに投《な》げてももどってこない。

材料《ざいりょう》 板目紙《いためがみ》（工作用《こうさくよう》のしっかりした紙《かみ》）、定規《じょうぎ》、鉛筆《えんぴつ》、はさみ、ホチキス

つくり方《かた》

❶ 板目紙《いためがみ》に幅《はば》2.5㎝、長《なが》さ13.5㎝の長方形《ちょうほうけい》（ブーメランの羽根《はね》になる）を3つかいて切《き》り取《と》る。羽根《はね》の角《かど》は丸《まる》く切《き》っておくと安全《あんぜん》。

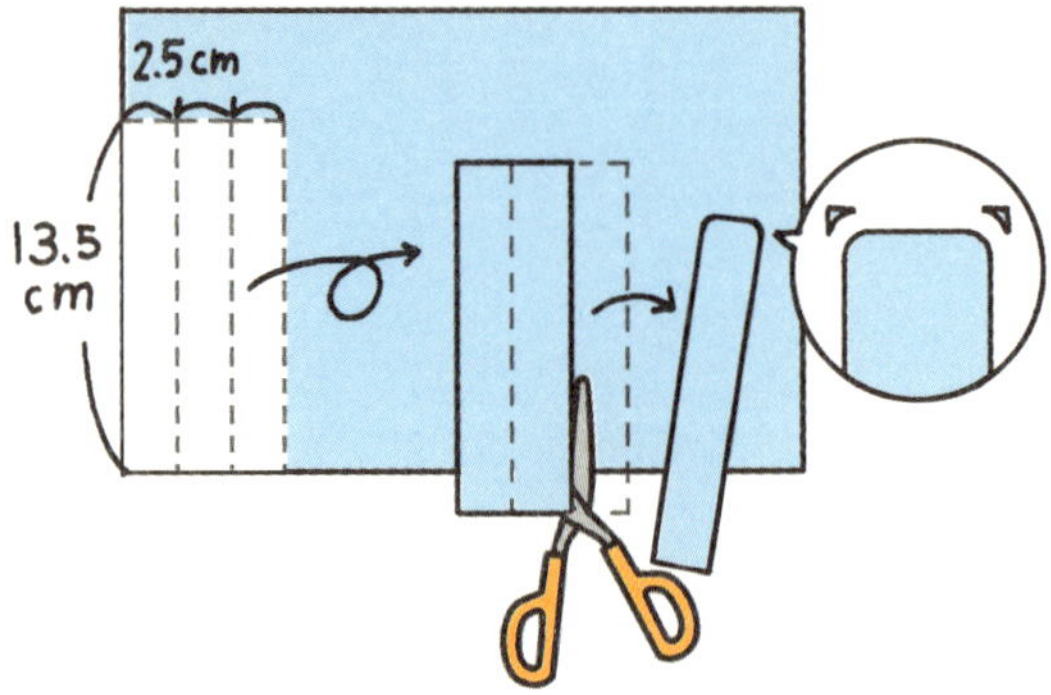

❷ 2.5㎝の辺《へん》の真《ま》ん中《なか》から1.5㎝ほど、はさみで切《き》り込《こ》みを入《い》れる。

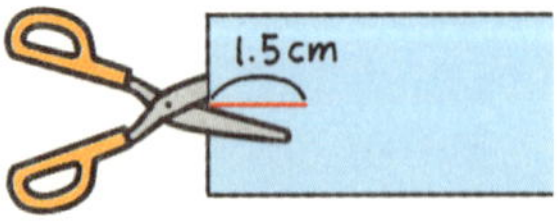

❸ 3枚《まい》の羽根《はね》の切《き》り込《こ》みがたがいちがいになるように、切《き》り込《こ》みどうしを重《かさ》ねる。まず、2枚《まい》の羽根《はね》の切《き》り込《こ》みを向《む》かい合《あ》わせにはさんでから、3枚目《まいめ》をはさむ。

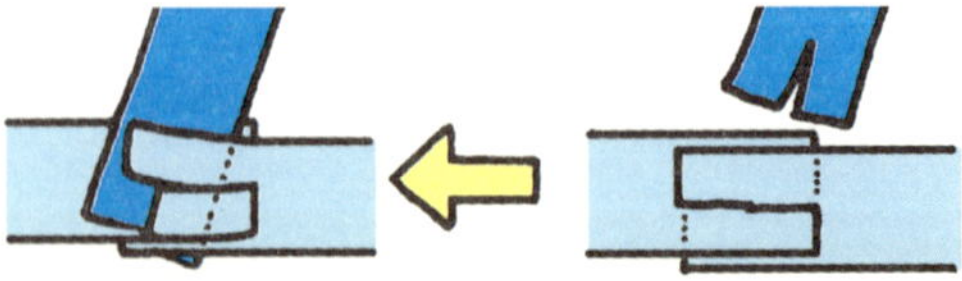

❹ 3枚《まい》の羽根《はね》が同《おな》じ間隔《かんかく》でY字形《じがた》に広《ひろ》がるように整《ととの》えて、3カ所《しょ》をホチキスでとめる。

❺ ブーメランの表《おもて》と裏《うら》をきめ、表面《おもてめん》を上《うえ》にする。羽根《はね》の先《さき》を自分《じぶん》のほうに向《む》けて、右利《みぎき》きの人《ひと》は羽根《はね》の右側《みぎがわ》が1〜2㎜くらい上《うえ》にあがるようにねじる。ほかの2枚《まい》も同《おな》じようにねじる。左利《ひだりき》きの人《ひと》は羽根《はね》の左側《ひだりがわ》を同《おな》じようにねじる。

ここでコツ
羽根《はね》を上《うえ》にそらすと、ブーメランが上《うえ》に飛《と》ぶ力《ちから》が働《はたら》きやすくなって、おちにくくなるよ。

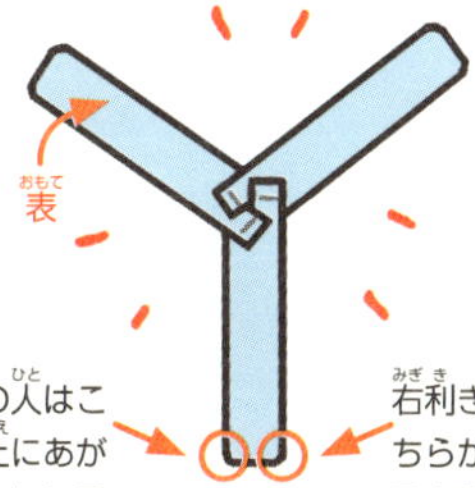
表《おもて》
左利《ひだりき》きの人《ひと》はこちらが上《うえ》にあがるようにねじる
右利《みぎき》きの人《ひと》はこちらが上《うえ》にあがるようにねじる

◆投《な》げてみよう

右利《みぎき》きの人《ひと》は右手《みぎて》で、親指《おやゆび》を立《た》てる「イエィ!」のポーズをして横《よこ》にする。ブーメランの表《おもて》を自分《じぶん》の顔《かお》に向《む》けて、指《ゆび》にはさむ。縦《たて》に回転《かいてん》をかけるように手首《てくび》のスナップをきかせて投《な》げる。

イエィ!
表

何度《なんど》も飛《と》ばしてコツをつかもう。実験《じっけん》は経験《けいけん》だ！

ここでコツ
羽根《はね》の先《さき》にビニルテープを巻《ま》くと、もっと遠《とお》くまで飛《と》ばせるよ。

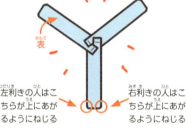

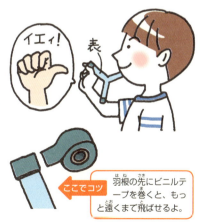

ニコラウス・コペルニクス

地動説《ちどうせつ》かもね？ ちょっといってみました

コペルニクスはいいました。「地球《ちきゅう》が太陽《たいよう》のまわりをまわっているんじゃないかなぁ。そんな気《き》がするだけなんだけど」

おおっぴらにはいえません。なにしろ、その当《とう》時《じ》のキリスト教《きょう》では太陽《たいよう》が地球《ちきゅう》のまわりをまわっていると信《しん》じていたのですから。

地球《ちきゅう》が太陽《たいよう》のまわりをまわっている説《せつ》は「地動《ちどう》説《せつ》」、太陽《たいよう》が地球《ちきゅう》のまわりをまわっている説《せつ》は「天動説《てんどうせつ》」といいます。コペルニクスはイタリア

プロフィール

- 生没年《せいぼつねん》　1473～1543年《ねん》
- 生誕地《せいたんち》　ポーランド
- 10才《さい》のときには両親《りょうしん》ともに亡《な》くなっていたため、おじに育《そだ》てられ、いくつもの大学《だいがく》で天文学《てんもんがく》や医学《いがく》を勉強《べんきょう》した。教会《きょうかい》の仕事《しごと》をしながら毎日天体観測《まいにちてんたいかんそく》をしていた。

に留学《りゅうがく》して、天文学《てんもんがく》や医学《いがく》、神学《しんがく》などいろいろな学問《がくもん》を学《まな》びました。大学《だいがく》を出《で》るとふるさとに帰《かえ》り、昼間《ひるま》は教会《きょうかい》で神《かみ》さまに仕《つか》える仕事《しごと》をしました。教《きょう》会《かい》では、税金《ぜいきん》を管理《かんり》する仕事《しごと》をしたり、医者《いしゃ》としてもかつやくしました。よいお医者《いしゃ》さんだと評判《ひょうばん》だったそうです。政治《せいじ》や法律《ほうりつ》、経済《けいざい》のこともよくわかっていて、政府《せいふ》がお金《かね》をどう管理《かんり》したらいいのかという本《ほん》もかいています。そんなわけで昼間《ひるま》はおおいそがしでした。

夜《よる》は教会《きょうかい》の天文台《てんもんだい》で、自分《じぶん》でつくった道具《どうぐ》を使《つか》って、観測《かんそく》していました。本《ほん》や先生《せんせい》からの知識《ちしき》によって、なんとなく地球《ちきゅう》が太陽《たいよう》のまわりをまわっているのではないかと思《おも》っていましたが、観測《かんそく》を続《つづ》けていくうちに、絶対《ぜったい》にそうにちがいないと思《おも》うようになりました。しかし、コペルニクスは地《ち》動説《どうせつ》について、きちんとまとめて発表《はっぴょう》する決心《けっしん》がなかなかつきませんでした。

教会《きょうかい》からおこられてはたまりません。だから、コペルニクスがかいた『天球《てんきゅう》の回転《かいてん》について』という本《ほん》も、アンドレアス・オジアンダーという人《ひと》が「ちょっと天体《てんたい》の動《うご》きを計算《けいさん》しただけなんですよ」といういいわけを前《まえ》がきにつけ足《た》して出版《しゅっぱん》しました。そのおかげで、教会《きょうかい》から目《め》をつけられることもなく、出版《しゅっぱん》できたのです。ただ、残念《ざんねん》なことに、この本《ほん》ができあがったのはコペルニクスが死《し》ぬまぎわだったそうです。

本《ほん》を出《だ》すのも気《き》を使《つか》いますね。
そうさ。次《つぎ》に出《で》てくるガリレイは裁判《さいばん》にかけられたんだから！

ガリレオ・ガリレイ

野球《やきゅう》の球《たま》もピンポン球《だま》も同《おな》じ速《はや》さでおちる

就活《しゅうかつ》に失敗《しっぱい》し続《つづ》けた科学者《かがくしゃ》といえばガリレイです。大学《だいがく》の先生《せんせい》になるために必死《ひっし》に勉強《べんきょう》し、いざチャレンジしたものの、なぜか、ローマ大学《だいがく》もボローニャ大学《だいがく》もパドヴァ大学《だいがく》もダメ。知《し》り合《あ》いの紹介《しょうかい》でやっと就職《しゅうしょく》しても、給料《きゅうりょう》は低《ひく》め。優秀《ゆうしゅう》な科《か》学者《がくしゃ》でも、苦労《くろう》はあるものです。

ガリレイは最初《さいしょ》は大学《だいがく》で医学《いがく》を学《まな》んでいました。ところがあるとき、振《ふ》り子《こ》の動《うご》き方《かた》の法則《ほうそく》に気《き》づき、医学《いがく》を学《まな》ぶのをやめて、モノの重《おも》さや動《うご》きに

プロフィール

●生没年《せいぼつねん》　1564〜1642年《ねん》
●生誕地《せいたんち》　イタリア
●子《こ》どものころから頭《あたま》がよくて、人《ひと》と議論《ぎろん》をするのが好《す》きだった。年《とし》をとって失明《しつめい》しても研究《けんきゅう》を続《つづ》け、天文《てんもん》学《がく》の父《ちち》といわれている。

かわいそうすぎて泣《な》けてくる

ついて研究《けんきゅう》することにしました。

ガリレイはモノがおちるときの法則《ほうそく》を発見《はっけん》しました。それは、重《おも》いモノも軽《かる》いモノも、同《おな》じ速《はや》さでおちるという法則《ほうそく》です。ガリレイの実験《じっけん》で、たとえば野球《やきゅう》の球《たま》も、ピンポン球《だま》のような軽《かる》い球《たま》も、同《おな》じ高《たか》さからおとすと、同時《どうじ》に地面《じめん》におちるということが証明《しょうめい》されました。このことを証明《しょうめい》するのに、ピサの斜塔《しゃとう》のてっぺんから大《おお》きな玉《たま》と小《ちい》さな玉《たま》を同時《どうじ》におとして、それが同時《どうじ》に地面《じめん》におちることを実験《じっけん》した、という話《はなし》があります。

振《ふ》り子《こ》のひもの長《なが》さが同《おな》じなら、大《おお》きくゆれているときも、小《ちい》さくゆれているときも、振《ふ》り子《こ》の玉《たま》が往復《おうふく》するのにかかる時間《じかん》は同《おな》じという発見《はっけん》もあります。

宗教《しゅうきょう》 裁判《さいばん》にかけられて外出禁止《がいしゅつきんし》に

ガリレイは自分《じぶん》で望遠鏡《ぼうえんきょう》をつくって、天体観測《てんたいかんそく》をして、木星《もくせい》のまわりを衛星《えいせい》がまわっていることや、太陽《たいよう》に黒《くろ》い点《てん》があること、月《つき》にクレーターというデコボコがあることなども発見《はっけん》しています。

ガリレイは、地球《ちきゅう》は太陽《たいよう》のまわりをまわっているという「地動説《ちどうせつ》」を信《しん》じていました。しかし、それは教会《きょうかい》に反対《はんたい》する考《かんが》え方《かた》でした。教会《きょうかい》はカンカン。それでもその考《かんが》えをやめなかったので、宗《しゅう》教裁判《きょうさいばん》にかけられてしまいました。ガリレイは有《ゆう》罪《ざい》になり、亡《な》くなるまで外出《がいしゅつ》を禁止《きんし》されました。

その期間《きかん》は9年《ねん》にもなります。それでもガリレイは科学《かがく》の本《ほん》を出《だ》したり振《ふ》り子時計《こどけい》を発明《はつめい》したりしています。

正確《せいかく》に1秒《びょう》をはかれる振《ふ》り子《こ》をつくろう！

振《ふ》り子《こ》が往復《おうふく》する時間《じかん》は糸《いと》の長《なが》さできまる。だから、糸《いと》の長《なが》さを変《か》えると、往復《おうふく》の時間《じかん》も変《か》わるよ。いろいろな長《なが》さで実験《じっけん》してみよう。

材料《ざいりよう》 太《ふと》めの糸《いと》（タコ糸《いと》など粘土《ねんど》から糸《いと》がぬけないもの）、フェルトペン、定規《じょうぎ》、粘土《ねんど》、ストップウォッチ（スマートフォンなど秒《びょう》がはかれるもの）

つくり方《かた》

❶ 糸《いと》を1m20㎝くらい用意《ようい》する。1mのところにフェルトペンで印《しるし》をつける。

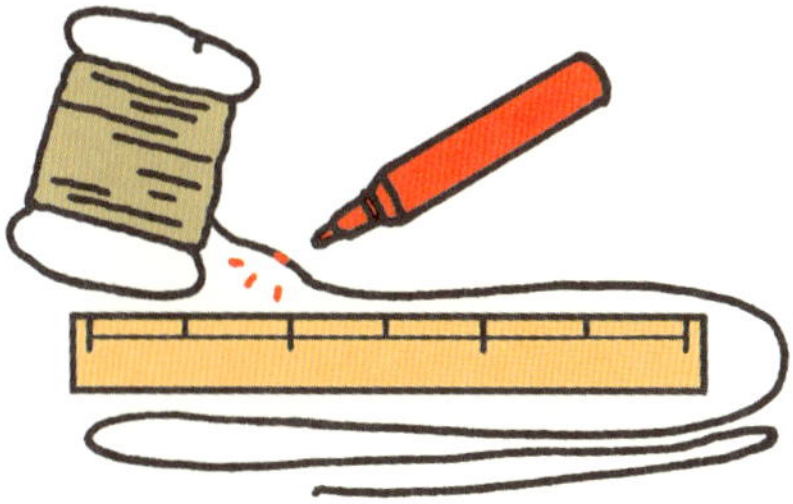

❷ 粘土《ねんど》で玉《たま》をつくりながら、玉《たま》の中心《ちゅうしん》に糸《いと》の先《さき》がくるようにつつみ込《こ》む。

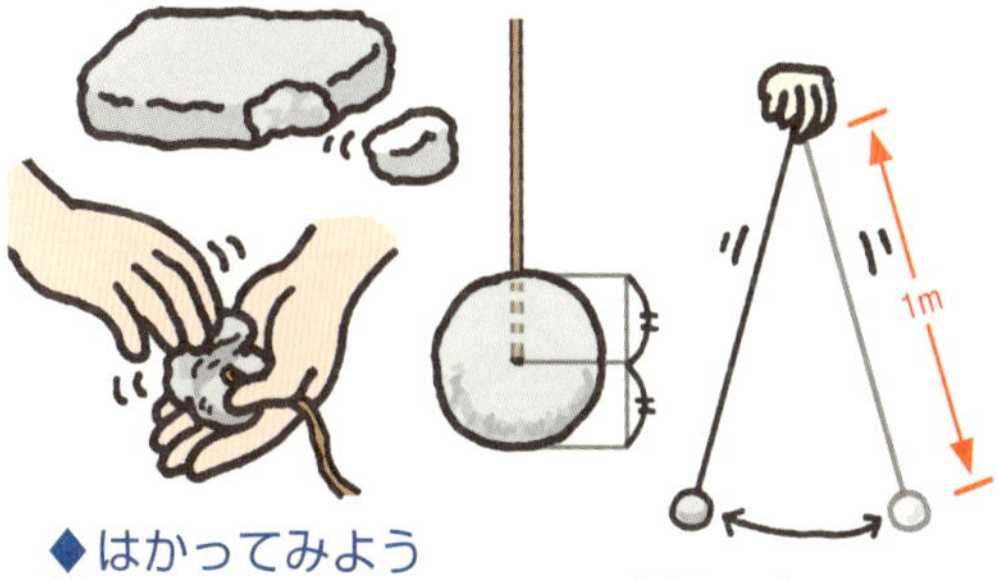
1m

◆はかってみよう

印《しるし》をつけたところをもって左右《さゆう》に振《ふ》ってみよう。玉《たま》が1往復《おうふく》するのに2秒《びょう》。片道《かたみち》がちょうど1秒《びょう》になるよ。ストップウォッチではかってみてね。

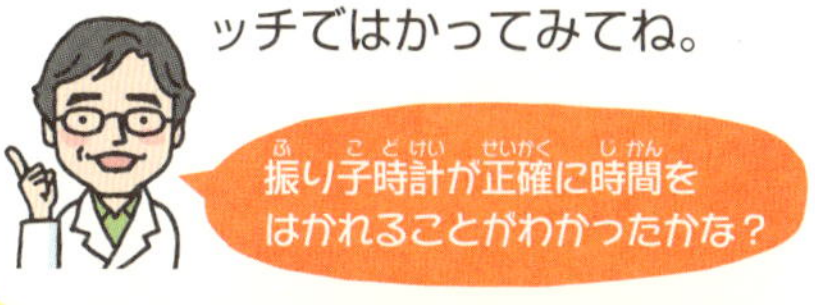
振《ふ》り子時計《こどけい》が正確《せいかく》に時間《じかん》をはかれることがわかったかな？

ヨハネス・ケプラー

苦労《くろう》のプレゼント「惑星《わくせい》は楕円《だえん》をえがく」

ケプラーの一生《いっしょう》は苦労《くろう》のてんこ盛《も》りでした。

ケプラーは、惑星《わくせい》が楕円《だえん》をえがいてまわっていることを発見《はっけん》した天文学者《てんもんがくしゃ》です。それまでの天文《てんもん》学《がく》では、神《かみ》さまは完全《かんぜん》なので、神《かみ》さまがつくった天体《てんたい》は完全《かんぜん》な円《えん》をえがいてまわっていると考《かんが》えられていました。ところが円《えん》ではなく楕円《だえん》、それも数学《すうがく》を使《つか》って天体《てんたい》の動《うご》きを明《あき》らかにしたということで、ケプラーは17世紀《せいき》の科学《かがく》に革命《かくめい》をおこしたといわれています。

プロフィール

- ●生没年《せいぼつねん》　1571〜1630年《ねん》
- ●生誕地《せいたんち》　ドイツ
- ●居酒屋《いざかや》の長男《ちょうなん》として生《う》まれる。4才《さい》で病気《びょうき》にかかり目《め》が悪《わる》くなる。体《からだ》が弱《よわ》かったが宗教《しゅうきょう》の勉強《べんきょう》をするために大学《だいがく》に入《はい》り、天文学《てんもんがく》を知《し》る。

ケプラーは貧《まず》しい家《いえ》に育《そだ》ち、小《ちい》さいころに、天然《てんねん》とうという病気《びょうき》にかかって以来《いらい》、両目《りょうめ》を悪《わる》くしてしまいました。しかもお父《とう》さんが早《はや》くに亡《な》くなったので、17才《さい》のときからお母《かあ》さんや小《ちい》さい弟《おとうと》や妹《いもうと》たちをやしなわなくてはなりませんでした。

学校《がっこう》を出《で》て、しばらく数学《すうがく》の先生《せんせい》をしたあと、ティコ・ブラーエという天文学者《てんもんがくしゃ》の助手《じょしゅ》になって、火星《かせい》を観測所《かんそくじょ》で見《み》ながら、惑星《わくせい》の位置《いち》を計算《けいさん》する仕事《しごと》をしていました。

ブラーエが亡《な》くなったあとも、そのあとをついで、天体観測《てんたいかんそく》の仕事《しごと》を続《つづ》けました。ブラーエはそれまでにぼう大《だい》な記録《きろく》をつけていたので、それを整理《せいり》・分類《ぶんるい》し、参考《さんこう》にしながら、自分《じぶん》の観測《かんそく》の結果《けっか》も合《あ》わせて、研究《けんきゅう》を進《すす》めていきました。そこで発見《はっけん》したのが、惑星《わくせい》が楕円《だえん》をえがいてまわっていることなど3つの法則《ほうそく》です。これらは「ケプラーの法則《ほうそく》」とよばれています。

ケプラーは研究中《けんきゅうちゅう》もずっと貧《まず》しく、途中《とちゅう》で戦争《せんそう》に行《い》かなければならないときもありました。自分《じぶん》がかかったのと同《おな》じ天然《てんねん》とうで幼《おさな》い子《こ》どもを亡《な》くしました。また、**お母《かあ》さんが「魔女裁判《まじょさいばん》」にかけられたため、お母《かあ》さんを助《たす》けるために、あちこちにお願《ねが》いにまわったりしました。**魔女裁判《まじょさいばん》とは、「魔女《まじょ》が悪《わる》いことをしたから世《よ》の中《なか》が悪《わる》くなったのだ」ときめつけて、裁判《さいばん》にかけるというものです。

ケプラーは苦労《くろう》の多《おお》い一生《いっしょう》をすごしましたが、その研究《けんきゅう》はあとに続《つづ》くニュートンの研究《けんきゅう》にとても役立《やくだ》ちました。

ルネ・デカルト

考《かん》えてるってことは生《い》きてるってこと

夢《ゆめ》のなかで、神《かみ》さまから「新《あたら》しい学問《がくもん》をつくりなさい」なんていわれたら、ふつうは「こまっちゃったな」と思《おも》いますよね。でも、デカルトは「そうだよね、やっぱり」と思《おも》いました。

デカルトは、いまから400年《ねん》ほど前《まえ》に、哲学《てつがく》、数学《すうがく》、物理学《ぶつりがく》の研究《けんきゅう》をした人《ひと》です。モノが動《うご》いているときに、止《と》めるモノがあったり、地面《じめん》などの摩擦《まさつ》がないかぎりモノはずっと動《うご》き続《つづ》ける、と最《さい》初《しょ》にいったのはデカルトです。

プロフィール

●生没年《せいぼつねん》　1596〜1650年《ねん》

●生誕地《せいたんち》　フランス

●母親《ははおや》はデカルトをうんでから1年《ねん》あまりで亡《な》くなったため、祖母《そぼ》と乳母《うば》に育《そだ》てられた。小《ちい》さいころから勉強《べんきょう》ができ、大学《だいがく》では法律《ほうりつ》と医学《いがく》を勉強《べんきょう》した。

勉強熱心《べんきょうねっしん》も考《かんが》えもの？

また、人間《にんげん》の「心《こころ》」と「体《からだ》」は別《べつ》のものなんだけれども、心《こころ》が体《からだ》に影響《えいきょう》を与《あた》えたり、体《からだ》が心《こころ》に影響《えいきょう》を与《あた》えたりすることもある。人間《にんげん》は悪《わる》いことをしたくなっても、「悪《わる》いことをしてはいけない」と考《かんが》える気持《きも》ちがある。このようにいったのもデカルトです。

夢《ゆめ》を見《み》て新《あたら》しい学問《がくもん》をつくろうと決心《けっしん》

大学《だいがく》を卒業《そつぎょう》すると、デカルトはなにを思《おも》いついたのか軍隊《ぐんたい》に入《はい》ります。そして、ドイツでの休暇中《きゅうかちゅう》にドナウ川《がわ》のほとりの村《むら》で寝《ね》ていたら、神《かみ》さまから「新《あたら》しい哲学《てつがく》をいちからつくるのがあなたの仕事《しごと》です」とお声《こえ》がかかりました。

もともとデカルトは、いまの学問《がくもん》はどれも全部《ぜんぶ》ポンコツすぎてだめだ、と思《おも》っていたので、神《かみ》さまのお告《つ》げに文句《もんく》はありません。軍《ぐん》をやめて、ヨーロッパ各地《かくち》をまわりながら、考《かんが》えごとにふけりました。考《かんが》えるときには、ふだんあたりまえだと思《おも》っていることも、すべてうたがうことから始《はじ》めるという方法《ほうほう》を使《つか》いました。そうして考《かんが》えて、1つの答《こた》えを見《み》つけました。

「いま自分《じぶん》がいすにすわって暖炉《だんろ》に当《あ》たっているということも夢《ゆめ》かもしれないから、そのまま信《しん》じることはできない。でも、世《よ》の中《なか》のすべてが信《しん》じられないのだとしても、うたがわしいと思《おも》っているわたしは、いまそう思《おも》ったのだから、ちゃんと存在《そんざい》しているのだ」。つまり、「考《かんが》えているということは、わたしが生《い》きているということ」になる、とデカルトは考《かんが》えたのです。これは、「我思《われおも》う、ゆえに我《われ》あり」という言葉《ことば》としてとても有名《ゆうめい》です。

そんなデカルトは、とても勉強家《べんきょうか》だったスウェーデンのクリスティーナ女王《じょおう》に気《き》に入《い》られ、ぜひ来《く》るようにといわれて首都《しゅと》のストックホルムに行《い》きました。ところが、気《き》の毒《どく》なことに、寒《さむ》すぎて、肺炎《はいえん》になってふるさとに帰《かえ》れないまま、死《し》んでしまいました。

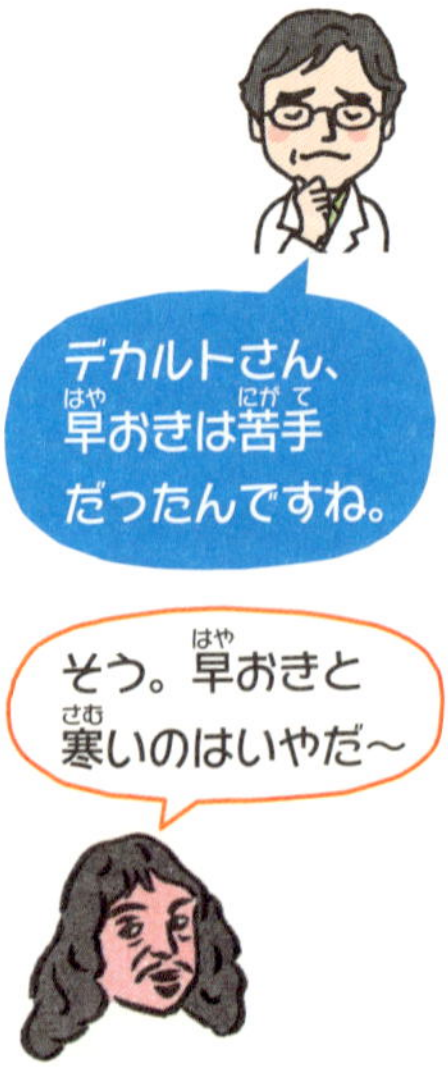
デカルトさん、早《はや》おきは苦手《にがて》だったんですね。
そう。早《はや》おきと寒《さむ》いのはいやだ〜

塩水《しおみず》で変顔《へんがお》を見《み》よう！

水《みず》に濃《こ》い塩水《しおみず》を入《い》れると水《みず》と塩水《しおみず》のあいだに境目《さかいめ》ができる。その境目《さかいめ》を光《ひかり》が通過《つうか》すると、まっすぐに進《すす》むはずの光《ひかり》が曲《ま》がってしまう。だから変顔《へんがお》になるんだ。

材料《ざいりょう》 バケツ、塩《しお》、じょうご、ストロー、目玉《めだま》クリップ、プラスチックの水槽《すいそう》、コップ、水《みず》

実験《じっけん》のしかた

❶ バケツに濃《こ》い塩水《しおみず》をつくる。塩《しお》の量《りょう》の目安《めやす》は水《みず》100mℓに対《たい》して塩《しお》30〜40gくらい。

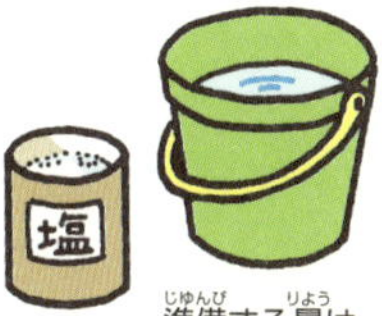

準備《じゅんび》する量《りょう》は水槽《すいそう》の半分《はんぶん》くらい

❷ ストローのはしを斜《なな》めに切《き》る。じょうごの管《くだ》にストローをさして、目玉《めだま》クリップで水槽《すいそう》にストローを固定《こてい》する。水槽《すいそう》の半分《はんぶん》くらいまで水《みず》を入《い》れる。

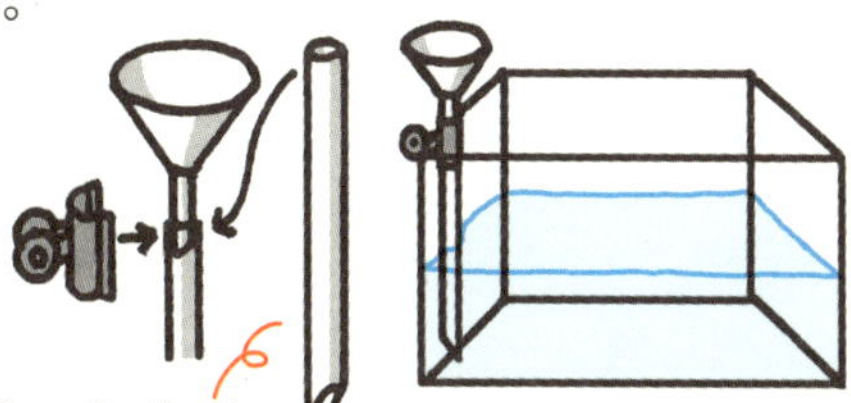
斜《なな》めの切《き》り口《くち》は下《した》に

❸ 塩水《しおみず》をコップですくって、じょうごから少《すこ》しずつ水槽《すいそう》に入《い》れる。

◆変顔《へんがお》を見《み》てみよう

反対側《はんたいがわ》にいる人《ひと》の顔《かお》を見《み》ると、鼻《はな》がのびたり、あごがのびたりした変顔《へんがお》が見《み》えるよ。

ヨハン・ルドルフ・グラウバー

うんちが出《で》やすくなる薬《くすり》でひともうけ

大家族《だいかぞく》の家《いえ》に生《う》まれたグラウバーは、手伝《てつだ》いでいそがしく学校《がっこう》に行《い》っているひまはありませんでした。けれど、ドイツ各地《かくち》の研究所《けんきゅうじょ》などをたずねて、化学《かがく》と薬学《やくがく》を勉強《べんきょう》しました。鏡《かがみ》をつくっていたこともあるようですが、錬金術師《れんきんじゅつし》や薬剤師《やくざいし》のもとで経験《けいけん》をつみ、なんと宮廷《きゅうてい》に薬剤師《やくざいし》としてやとわれたこともあります。17世紀《せいき》ごろは、なんでもありだったんですね。

そして、オランダのアムステルダムで薬品製造《やくひんせいぞう》

プロフィール

●生没年《せいぼつねん》　1604〜1670年《ねん》
●生誕地《せいたんち》　ドイツ
●兄弟《きょうだい》が大勢《おおぜい》いたため、学校《がっこう》にはあまり通《かよ》っていないが、自分《じぶん》で薬《くすり》について勉強《べんきょう》した。

所《しょ》をつくりました。工場《こうじょう》では、いろいろな装置《そうち》を工夫《くふう》して、薬《くすり》を一度《いちど》にたくさんつくれるようにしました。グラウバーが工夫《くふう》した装置《そうち》は、「炉《ろ》」や「蒸《じょう》留器《りゅうき》」です。炉《ろ》とはモノをとかしたりする装置《そうち》で、蒸留器《じょうりゅうき》とは液体《えきたい》のなかの成分《せいぶん》をわける装置《そうち》です。これらの性能《せいのう》がよくなったので、たくさんの薬《くすり》ができたのです。

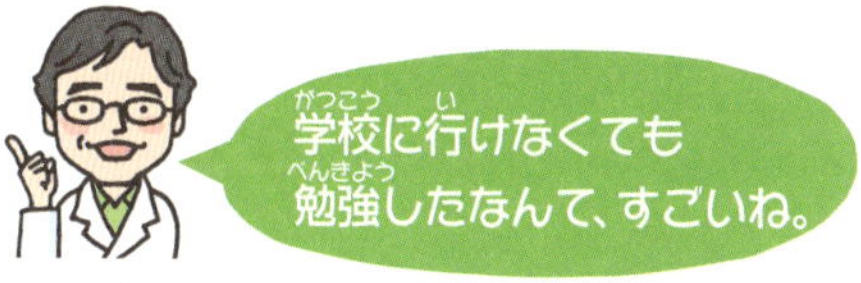
学校《がっこう》に行《い》けなくても
勉強《べんきょう》したなんて、すごいね。

また、グラウバーは、食塩《しょくえん》に硫酸《りゅうさん》という液体《えきたい》をまぜて加熱《かねつ》すると、塩酸《えんさん》と硫酸《りゅうさん》ナトリウムができることを発見《はっけん》しました。硫酸《りゅうさん》ナトリウムはうんちが出《で》やすくなる薬《くすり》だということがわかり、グラウバーは「奇跡《きせき》の塩《しお》」と名前《なまえ》をつけて売《う》り出《だ》しました。当時《とうじ》は、おなかを空《から》っぽにすることが病気《びょうき》の治療《ちりょう》の1つだったようです。商売上手《しょうばいじょうず》ですね。

グラウバーは、薬《くすり》の研究《けんきゅう》のために、銅《どう》や鉛《なまり》や水《すい》銀《ぎん》などの鉱物《こうぶつ》をしょっちゅうあつかっていました。実験《じっけん》のとちゅうで毒《どく》ガスが出《で》たりすることもあったようです。そうした鉱物《こうぶつ》や毒《どく》ガスのせいで、年《とし》をとってからは病気《びょうき》がちになりました。

奇跡《きせき》の塩《しお》は、いまはグラウバー塩《えん》といわれています。

哲学者《てつがくしゃ》は科学者《かがくしゃ》でもある

この本《ほん》を読《よ》んでいたら、昔《むかし》の科学者《かがくしゃ》には哲学《てつがく》を勉強《べんきょう》している人《ひと》が多《おお》いなと思《おも》った人《ひと》もいるかもしれません。いいカンしています！

哲学《てつがく》のギリシャ語《ご》の意味《いみ》は、「いろいろなことを深《ふか》く考《かんが》えたり、知《し》ることが好《す》き」。だから、人生《じんせい》について考《かんが》えるのも、政治《せいじ》について考《かんが》えるのも、太陽《たいよう》や星《ほし》はどうして動《うご》くのか、水《みず》や土《つち》や空気《くうき》はなにでできているのかを考《かんが》えるのも、ぜんぶ哲学《てつがく》だったのです。

最初《さいしょ》のうちは、頭《あたま》のなかだけで考《かんが》えることが多《おお》かったのですが、だんだん、モノを観察《かんさつ》したり、太陽《たいよう》の動《うご》きを記録《きろく》したり、空気《くうき》の圧力《あつりょく》をはかってみたりして、「実験《じっけん》」や「観測《かんそく》」をもとに考《かんが》えたほうが説明《せつめい》しやすいことがわかってきました。それで、哲学《てつがく》と科学《かがく》はわかれることになったのです。

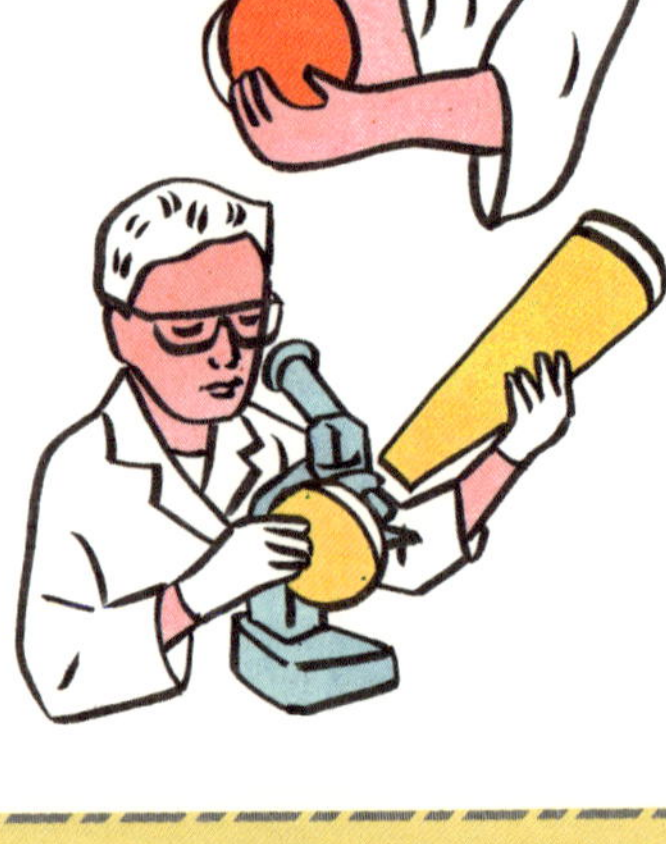

ブレーズ・パスカル

人間《にんげん》は考《かんが》えることができる草《くさ》みたいなもの

水《みず》を入《い》れた洗面器《せんめんき》におもりをギュッと押《お》しこむと、水面《すいめん》の高《たか》さは全体《ぜんたい》に上《あ》がりますね。水面《すいめん》が斜《なな》めになるなんてことは、ぜったいにないですね。

「あたりまえ！」

そう、このあたりまえに気《き》づくことが大切《たいせつ》。これは、おもりによって水《みず》に加《くわ》わった力《ちから》が同《おな》じ強《つよ》さで水全体《みずぜんたい》に伝《つた》わったためです。

これは「パスカルの原理《げんり》」といわれます。水《みず》のような液体《えきたい》を容器《ようき》にとじこめて、どこか1カ所《しょ》に

プロフィール

●生没年《せいぼつねん》　1623〜1662年《ねん》

●生誕地《せいたんち》　フランス

●父親《ちちおや》が教育熱心《きょういくねっしん》で、自宅《じたく》で英才教育《えいさいきょういく》を受《う》ける。現在《げんざい》の路線《ろせん》バスのようにみんなで安《やす》く馬車《ばしゃ》に乗《の》れるしくみを考《かんが》え、1662年《ねん》に実現《じつげん》した。

お兄《にい》さんにも感謝《かんしゃ》しよう

力《ちから》を加《くわ》えると、その力《ちから》は容器《ようき》のなかのどの部分《ぶぶん》にも同《おな》じ大《おお》きさで伝《つた》わる。この原理《げんり》を発見《はっけん》したのが、パスカルです。

パスカルは、空気《くうき》には重《おも》さがあり、空気中《くうきちゅう》にあるすべてのものを押《お》す力《ちから》をもっているということも発見《はっけん》しました。

パスカルは子《こ》どものころからメッチャ天才《てんさい》といわれ、いまも学校《がっこう》で勉強《べんきょう》する重要《じゅうよう》な法則《ほうそく》を発見《はっけん》した数学者《すうがくしゃ》、物理学者《ぶつりがくしゃ》、そして思想家《しそうか》です。ただし、体《からだ》が弱《よわ》くて39才《さい》で亡《な》くなるまで、ずっと病気《びょうき》がちでした。

研究《けんきゅう》は片手間仕事《かたてましごと》

　お父《とう》さんは役人《やくにん》で、とても教育熱心《きょういくねっしん》でした。パスカルは小《ちい》さいころから学校《がっこう》ではなく家《いえ》で英才《えいさい》教育《きょういく》を受《う》けました。10才《さい》をすぎたころにはむずかしい数学《すうがく》の問題《もんだい》を解《と》いて、まわりのおとなをおどろかせました。19才《さい》のときには、税金《ぜいきん》を集《あつ》める仕《し》事《ごと》をしていたお父《とう》さんが楽《らく》になるようにと、歯車《はぐるま》を使《つか》った手回《てまわ》し式《しき》の計算機《けいさんき》をつくりました。

　またあるときには、ギャンブル好《ず》きの友人《ゆうじん》から、「先《さき》に3勝《しょう》したほうがお金《かね》を全部《ぜんぶ》もらえるというかけごとをしたとき、2勝《しょう》までいったところで勝《しょう》負《ぶ》をやめてしまった。お金《かね》はどうわけたらいい？」と相談《そうだん》されました。パスカルは勝《か》ち負《ま》けの組《く》み合《あ》わせを考《かんが》えて答《こた》えを出《だ》しました。これが数学《すうがく》で「確率《かくりつ》」という分野《ぶんや》が生《う》まれるきっかけになりました。みなさんも「試合《しあい》で勝《か》つ確率《かくりつ》は低《ひく》いな」なんていいますよね。その確率《かくりつ》の出《だ》し方《かた》はパスカルが考《かんが》えたのです。

　パスカルは研究《けんきゅう》がおもな仕事《しごと》だとは思《おも》っていなくて、ちょっとひまなときにやる、くらいのものだったので、31才《さい》で引《ひ》きこもり生活《せいかつ》に入《はい》りました。神《かみ》さまを信《しん》じようとして、ひとりでじっと考《かんが》えごとをしたくなったのです。そして、「人間《にんげん》は考《かんが》える葦《あし》である」と考《かんが》えました。かんたんにいうと「人間《にんげん》はそのへんに生《は》えている、雑草《ざっそう》みたいなものだ。けれども、考《かんが》えることのできる雑草《ざっそう》だ」ということですね。オレなんてちっぽけな生《い》き物《もの》だけど、考《かんが》えることでちょっとはかしこくなれるんだ、と理解《りかい》するといいかも。

ブレーズ・パスカル

水《みず》のなかで浮《う》いたり沈《しず》んだりするおもちゃをつくろう!

ペットボトルを押《お》したりはなしたりすると、ストローのなかの空気《くうき》もいっしょに押《お》されて、ちぢんだりもとにもどったりして、沈《しず》んだり浮《う》いたりする。とじこめられた液体《えきたい》や気体《きたい》に圧力《あつりょく》を加《くわ》えると、その圧力《あつりょく》は同《おな》じ強《つよ》さで液体《えきたい》や気体《きたい》の全部《ぜんぶ》の方向《ほうこう》に伝《つた》わるという「パスカルの原理《げんり》」がわかる実験《じっけん》だよ。

材料《ざいりょう》
ストロー、はさみ、目玉《めだま》クリップ、着火《ちゃっか》ライター、おもりになるビーズ、水《みず》、コップ、ペットボトル(500mℓ)

つくり方《かた》、実験《じっけん》のしかた

1 ストローを5cmくらいはさみで切《き》る。先端《せんたん》が1mmくらい出《で》るように目玉《めだま》クリップでとめて、着火《ちゃっか》ライターであぶってくっつける。

2 袋状《ふくろじょう》になったストローに8分目《ぶんめ》まで水《みず》とビーズを入《い》れる。

ここでコツ

コップに水《みず》を入《い》れて、ビーズを入《い》れたストロー(科学《かがく》の実験《じっけん》では、浮沈子《ふちんし》という)を浮《う》かべてみよう。沈《しず》んでしまう場合《ばあい》はストローのなかの空気《くうき》がたりないということ。このときは水《みず》を減《へ》らそう。ストローのなかに入《い》れる水《みず》の量《りょう》を調節《ちょうせつ》して、先端《せんたん》がちょっとだけ水《みず》から出《で》るくらいにしよう。

❸ 調節《ちょうせつ》できたら、ストローの口《くち》があいているほうも目玉《めだま》クリップでとめて、着火《ちゃっか》ライターであぶってくっつける。

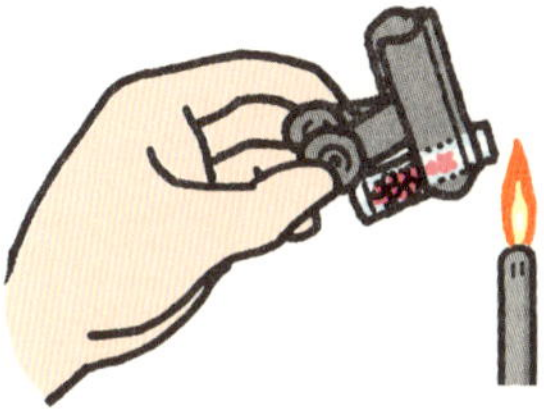

❹ ペットボトルいっぱいに水《みず》を入《い》れて浮沈子《ふちんし》を浮《う》かべ、ふたをする。

◆浮沈子《ふちんし》を動《うご》かしてみよう

ペットボトルの真《ま》ん中《なか》あたりをぎゅっと押《お》すと浮沈子《ふちんし》が沈《しず》み、手《て》をはなすと浮《う》かぶよ。

ペットボトルを押《お》すと、その力《ちから》（圧力《あつりょく》）は水《みず》のどこにも同《おな》じようにかかる。これはパスカルの原理《げんり》。浮沈子《ふちんし》にも全体《ぜんたい》に圧力《あつりょく》がかかるから、浮沈子《ふちんし》はちぢんでしまう。すると浮力《ふりょく》が小《ちい》さくなるから沈《しず》むんだよ。ちょっとむずかしいけど、これはアルキメデスの原理《げんり》。

注意《ちゅうい》 着火《ちゃっか》ライターはおとなといっしょに使《つか》ってください。

ロバート・ボイル

お金《かね》持《も》ちはいいね 実験《じっけん》やりほうだい

ボイルはアイルランドの貴《き》族《ぞく》の家《いえ》に、14番目《ばんめ》の末《すえ》っ子《こ》として生《う》まれました。そんなに兄弟《きょうだい》がいたら「勉強《べんきょう》はテキトーにね」となりそうですが、さすがに貴《き》族《ぞく》はちがいます。

ボイルは4才《さい》のころから家庭教師《かていきょうし》にフランス語《ご》とラテン語《ご》を教《おし》えてもらうようになりました。そして8才《さい》のときにはイングランドにある全寮制《ぜんりょうせい》の学校《がっこう》イートン・カレッジに入学《にゅうがく》。そのあとは、スイスのジュネーブなどで家庭教師《かていきょうし》のもとで勉強《べんきょう》。

プロフィール

●生没年《せいぼつねん》　1627〜1691年《ねん》

●生誕地《せいたんち》　アイルランド

●貴族《きぞく》の家《いえ》に生《う》まれる。8才《さい》で母親《ははおや》が亡《な》くなる。22才《さい》になってとつぜん科学《かがく》に関心《かんしん》をもつようになり、モーレツに勉強《べんきょう》を始《はじ》めた。

同《おな》じ法則《ほうそく》でもよび方《かた》は国《くに》によってちがう

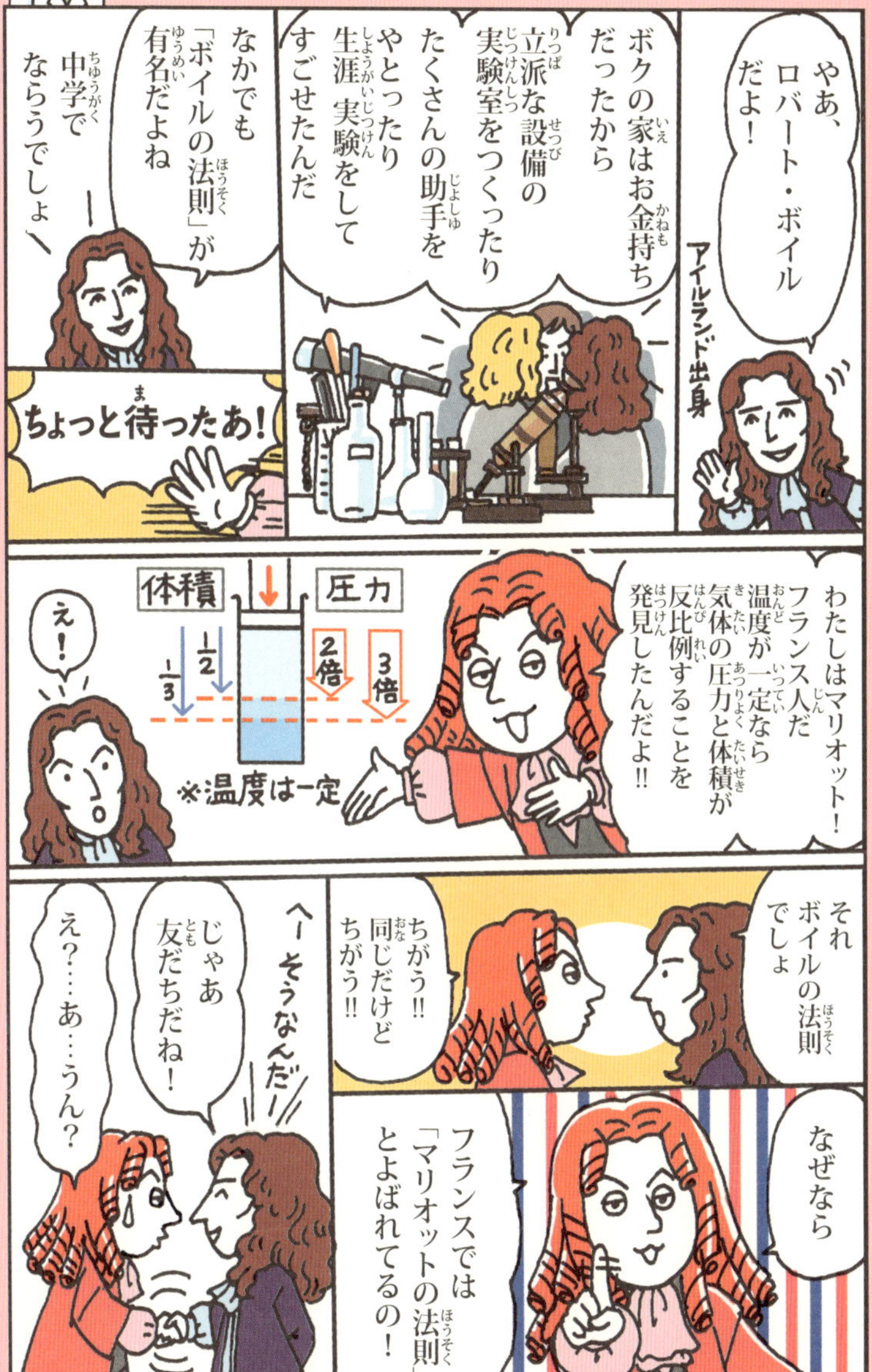

ガリレイ（28ページ）に教《おそ》わったこともあります。そのあいだに父親《ちちおや》が亡《な》くなったため、帰国後《きこくご》は父《ちち》親《おや》からゆずられた財産《ざいさん》で実験室《じっけんしつ》をつくり、研究《けんきゅう》を始《はじ》めました。お金《かね》がたくさんあったので、実験室《じっけんしつ》の設備《せつび》はとても立派《りっぱ》でした。また、実験《じっけん》をするための助手《じょしゅ》も大勢《おおぜい》やとうことができました。ただし、ボイルは目《め》の病気《びょうき》にかかっていて、研究《けんきゅう》の結果《けっか》や論文《ろんぶん》は助手《じょしゅ》たちにかいてもらうことが多《おお》かったようです。ボイルはこのことをとても気《き》にしていました。

空気《くうき》の性質《せいしつ》を調《しら》べて実験《じっけん》の方法《ほうほう》を完成《かんせい》

ボイルの研究《けんきゅう》で有名《ゆうめい》なのは、温度《おんど》が同《おな》じであるとき、空気《くうき》などの気体《きたい》を容器《ようき》に入《い》れて圧力《あつりょく》をかけると、その圧力《あつりょく》に反《はん》して体積《たいせき》が小《ちい》さくなるというものです。たとえば、圧力《あつりょく》を2倍《ばい》にすると体積《たいせき》は2分《ぶん》の1になるのです。これを「ボイルの法則《ほうそく》」といいます。

このほかにも、空気《くうき》がない状態《じょうたい》（これを真空《しんくう》といいます）でモノをおとすとどうなるか、音《おと》が伝《つた》わるときに空気《くうき》はどういうふうにそれを助《たす》けているのかなどいろいろな実験《じっけん》をして、化学《かがく》や物理《ぶつり》の研究《けんきゅう》を進《すす》めました。このときの助手《じょしゅ》のひとりはロバート・フック（54ページ）です。

ボイルは実験《じっけん》を大事《だいじ》にして事実《じじつ》を解《かい》明《めい》しようという仲間《なかま》といっしょに科学《かがく》者《しゃ》の会《かい》「ロイヤル・ソサエティ（王立協《おうりつきょう》会《かい》）」をつくりました。これはイギリスでもっとも古《ふる》く、いまも続《つづ》いている学《がっ》会《かい》です。

5つの問題《もんだい》に
チャレンジしよう

QUIZ《クイズ》 わかるかな？

① 太陽《たいよう》の直径《ちょっけい》は地球《ちきゅう》の直径《ちょっけい》の何倍《なんばい》？

① 約《やく》１０９倍《ばい》
② 約《やく》２０３倍《ばい》
③ 約《やく》５００倍《ばい》

② 自分《じぶん》で望遠鏡《ぼうえんきょう》をつくって、本格的《ほんかくてき》な天体観測《てんたいかんそく》をした人《ひと》はだれ？

① ガリレオ・ガリレイ
② ロバート・ボイル
③ ピタゴラス

③ プールと海《うみ》、体《からだ》が浮《う》きやすいのはどちら？

① プール
② 海《うみ》
③ 変《か》わらない

④ 驚異博士《きょういはかせ》とよばれた科学者《かがくしゃ》はだれ？

① アリストテレス
② アルベルト・アインシュタイン
③ ロジャー・ベーコン

⑤ 振《ふ》り子《こ》は、糸《いと》の長《なが》さが同《おな》じなら、大《おお》きくゆれても小《ちい》さくゆれても往復《おうふく》にかかる時間《じかん》は変《か》わりません。これを発見《はっけん》したのはだれ？

① ピタゴラス
② アルキメデス
③ ガリレオ・ガリレイ

正解《せいかい》の数《かず》はいくつだった？

0〜2
うーん
ざんねん！

3〜4
もうちょっと
がんばろう！

5
かがくしゃに
なれるかも！

答《こた》え Q1=① Q2=① Q3=② Q4=③ Q5=③

アントニ・ファン・レーウェンフック

ぼくらのまわりは ばい菌《きん》だらけ

好奇心《こうきしん》いっぱいで、なんでも見《み》てみたいと思《おも》ったままおとなになったら、すごい科学者《かがくしゃ》になってしまった。そんなことがあったらいいですね。レーウェンフックは、そんな超《ちょう》ラッキーな人《ひと》です。

レーウェンフックは子《こ》どものころから特別《とくべつ》な教《きょう》育《いく》を受《う》けたわけではなく、布地店《ぬのじてん》で働《はたら》いたり自《じ》分《ぶん》でも布地店《ぬのじてん》をひらいたり、役人《やくにん》として働《はたら》いたりしていました。ただ、いそがしくても時間《じかん》を見《み》つ

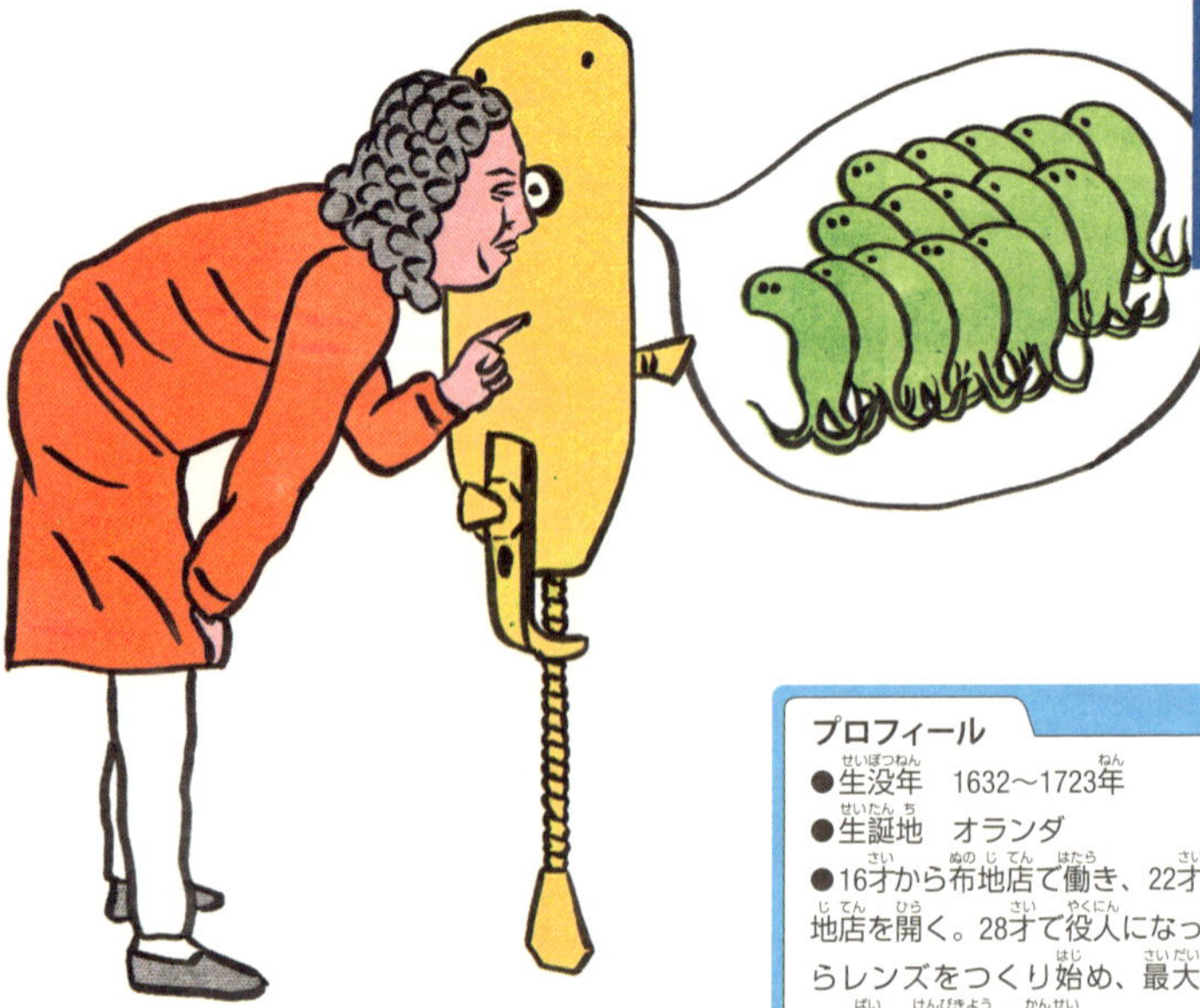

プロフィール

●生没年《せいぼつねん》　1632〜1723年《ねん》

●生誕地《せいたんち》　オランダ

●16才《さい》から布地店《ぬのじてん》で働《はたら》き、22才《さい》で布《ぬの》地店《じてん》を開《ひら》く。28才《さい》で役人《やくにん》になってからレンズをつくり始《はじ》め、最大倍率《さいだいばいりつ》300倍《ばい》の顕微鏡《けんびきょう》を完成《かんせい》。

顕微鏡《けんびきょう》をのぞいてみよう

顕微鏡《けんびきょう》って知《し》ってる?
小《ちい》さなものを見《み》る道具《どうぐ》です
17世紀《せいき》にすごい倍率《ばいりつ》の顕微鏡《けんびきょう》を自分《じぶん》でつくった人《ひと》
それがレーウェンフック
布地商《ぬのじしょう》です
なんと 科学者《かがくしゃ》ではなく ふつうの人《ひと》でした
アマチュア
彼《かれ》のつくった顕微鏡《けんびきょう》は レンズが1つだけで とてもシンプル
レンズ
うわあ なにコレ~
たくさん いる~
動いてる~
それなのに いままでだれも見《み》たことがなかった小《ちい》さな生《い》き物《もの》をたくさん発見《はっけん》したのです
身近《みぢか》なモノが顕微鏡《けんびきょう》になるんだって! 知《し》ってた?
スマートフォン
スポイト
水
作り方は P57を見てね
赤血球《せっけっきゅう》
君《きみ》もめくるめくミクロの世界《せかい》をのぞいてみないか?

けて顕微鏡《けんびきょう》づくりに熱中《ねっちゅう》していました。そこがえらいところです。

ガラスや水晶《すいしょう》の玉《たま》をみがき、金属《きんぞく》の板《いた》にはめこんだだけで、大《おお》きさも、手《て》のひらにおさまるくらいのものですが、約《やく》300倍《ばい》もの倍率《ばいりつ》をもつ、当時《とうじ》としてはとてもすぐれた顕微《けんび》鏡《きょう》をつくりました。そして、レーウェンフックは世界《せかい》で初《はじ》めて顕微鏡《けんびきょう》を使《つか》って目《め》では見《み》えないとても小《ちい》さな生《い》き物《もの》を発見《はっけん》したのです。

顕微鏡《けんびきょう》そのものは、すでに1590年《ねん》ごろに発明《はつめい》されていましたが、それは科《か》学《がく》の道具《どうぐ》というよりおもちゃのようなものでした。

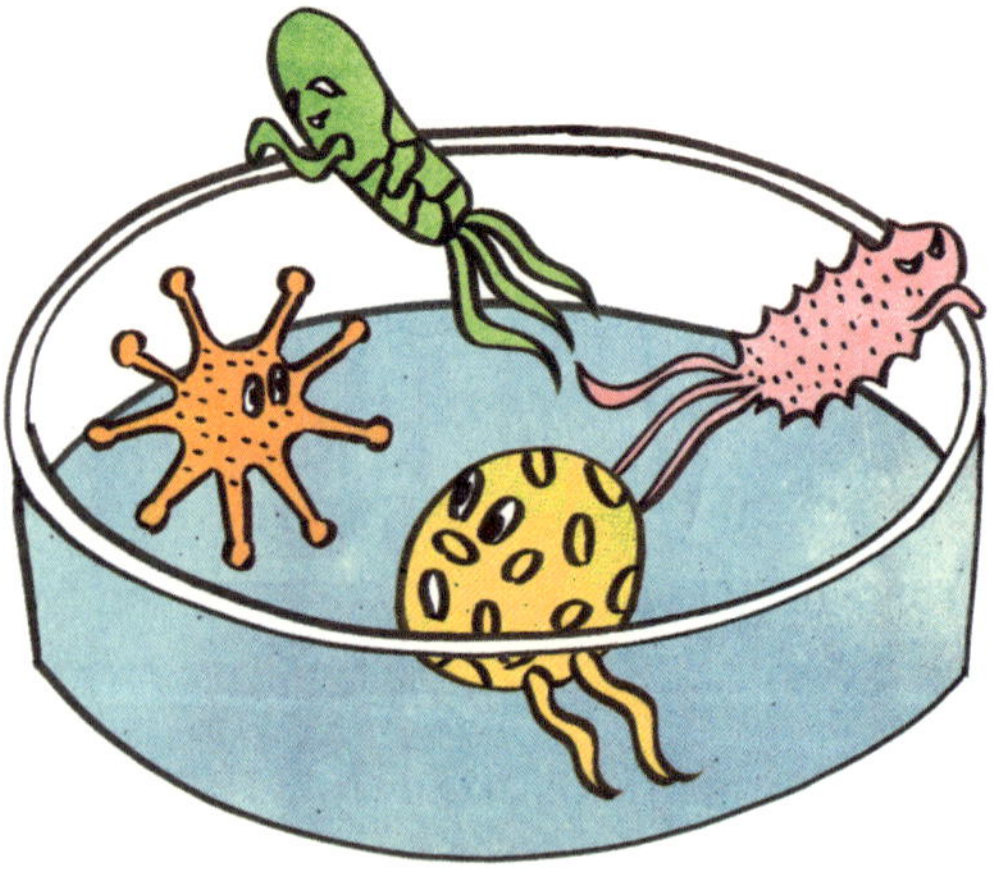

レーウェンフックは身《み》のまわりにあるいろいろなものを顕微鏡《けんびきょう》で見《み》てスケッチし、それまでだれも知《し》らなかった、小《ちい》さな世界《せかい》を発見《はっけん》していきました。

おかしいと思《おも》ったことがあれば何《なん》度《ど》でもやり直《なお》し、自分《じぶん》の思《おも》いこみをなくして、観察《かんさつ》の結果《けっか》だけに力《ちから》をそそぐレーウェンフックの研究《けんきゅう》のしかたは、当時《とうじ》の科学者《かがくしゃ》としてはとても新《あたら》しいものでした。

こしょうから微生物《びせいぶつ》！
好奇心《こうきしん》は無限《むげん》

レーウェンフックが発見《はっけん》したもの

は、動物《どうぶつ》の精子《せいし》、赤血球《せっけっきゅう》、水中《すいちゅう》の微生物《びせいぶつ》、筋肉《きんにく》の筋《すじ》などいくつもあります。ばい菌《きん》（細菌《さいきん》）もそのうちの1つです。

どうやって見《み》つけたかというと、ガラスの管《くだ》にこしょうの粉末《ふんまつ》を入《い》れて、水《みず》を入《い》れてふたをし、そのまま置《お》いておいたのです。数日後《すうじつご》にふたをとって顕微鏡《けんびきょう》でのぞくと……。ビックリ！ そこには小《ちい》さな動《うご》くものがいました。

レーウェンフックはオランダ人《じん》でしたが、イギリスの王立協会《おうりつきょうかい》に研究《けんきゅう》の結果《けっか》を手紙《てがみ》でずっと報告《ほうこく》していました。レーウェンフックの研究《けんきゅう》をすごいと思《おも》っていたイギリス人《じん》のロバート・フック（54ページ）が、レーウェンフックがオランダ語《ご》でかいた報告書《ほうこくしょ》を、当時《とうじ》の学問《がくもん》の共通語《きょうつうご》だったラテン語《ご》に訳《やく》して、みんなが読《よ》めるようにしました。こうした助《たす》けがあって、レーウェンフックは王立協《おうりつきょう》会《かい》の会員《かいいん》にもなれました。外国人《がいこくじん》でも、すぐれた仲間《なかま》を見《み》つけて、みとめようという考《かんが》え方《かた》だったのですね。

レーウェンフックは40年間《ねんかん》も顕微鏡《けんびきょう》で観察《かんさつ》を続《つづ》け、生命科学《せいめいかがく》を発展《はってん》させました。目《め》がよかった？ そうですね。でも、いつまでも好奇心《こうきしん》いっぱいだったのでしょうね。

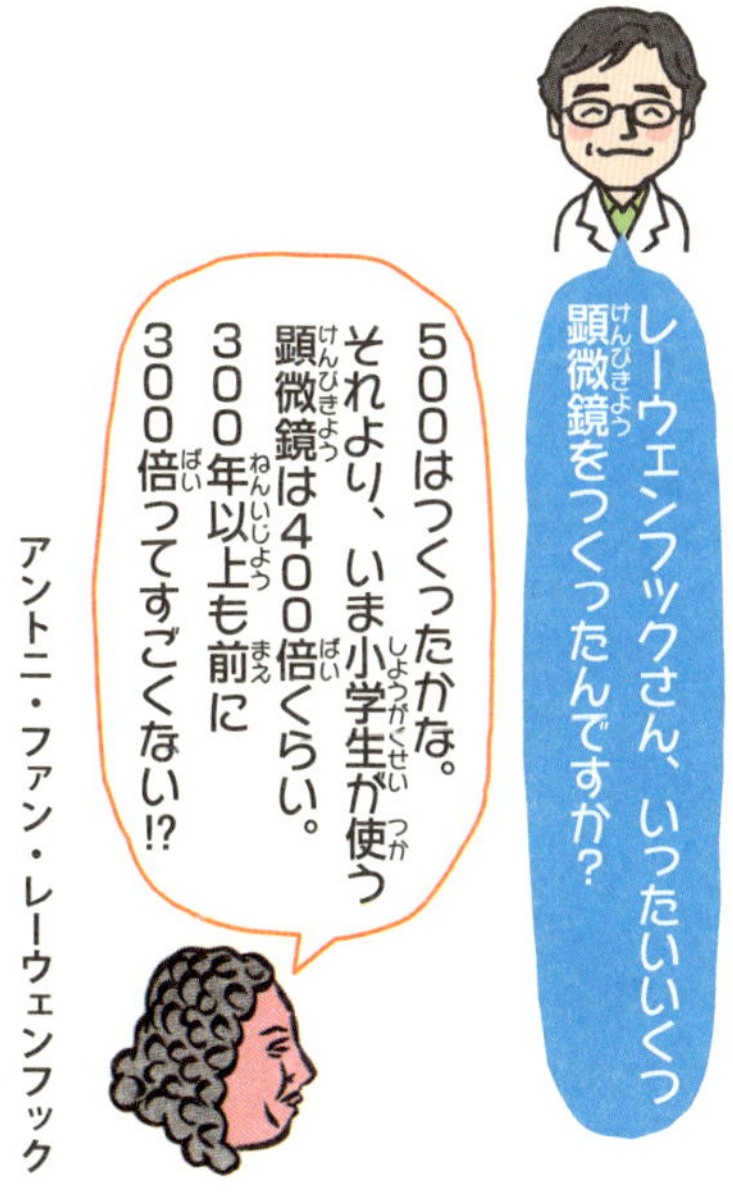

レーウェンフックさん、いったいいくつ顕微鏡《けんびきょう》をつくったんですか？
500はつくったかな。それより、いま小学生《しょうがくせい》が使《つか》う顕微鏡《けんびきょう》は400倍《ばい》くらい。300年以上《ねんいじょう》も前《まえ》に300倍《ばい》ってすごくない!?
アントニ・ファン・レーウェンフック

ロバート・フック

ノミやシラミの本《ほん》が大《だい》ベストセラーに

「イギリスのダ・ヴィンチ」といわれるのがフックです。バネは引《ひ》っぱった力《ちから》の強《つよ》さの分《ぶん》だけのびる、という「フックの法則《ほうそく》」を発見《はっけん》したことで有《ゆう》名《めい》です。それをもとに、ぜんまいバネを使《つか》った時《と》計《けい》をつくりました。

フックは科学《かがく》の研究《けんきゅう》をするときは、実験《じっけん》をして証明《しょうめい》することが大事《だいじ》だと思《おも》っていたので、実験《じっけん》の器具《きぐ》を使《つか》いやすく、より正確《せいかく》な実験《じっけん》ができるように工夫《くふう》することにも熱心《ねっしん》に取《と》り組《く》みました。空気《くうき》

プロフィール

●生没年《せいぼつねん》　1635～1703年《ねん》

●生誕地《せいたんち》　イギリス

●子《こ》どものころから機械《きかい》が好《す》きだった。生活費《せいかつひ》をかせぐために王立協会《おうりつきょうかい》で実験《じっけん》を担当《たんとう》し、自分《じぶん》でも実験装置《じっけんそうち》を開発《かいはつ》した。

ホンマかいな？

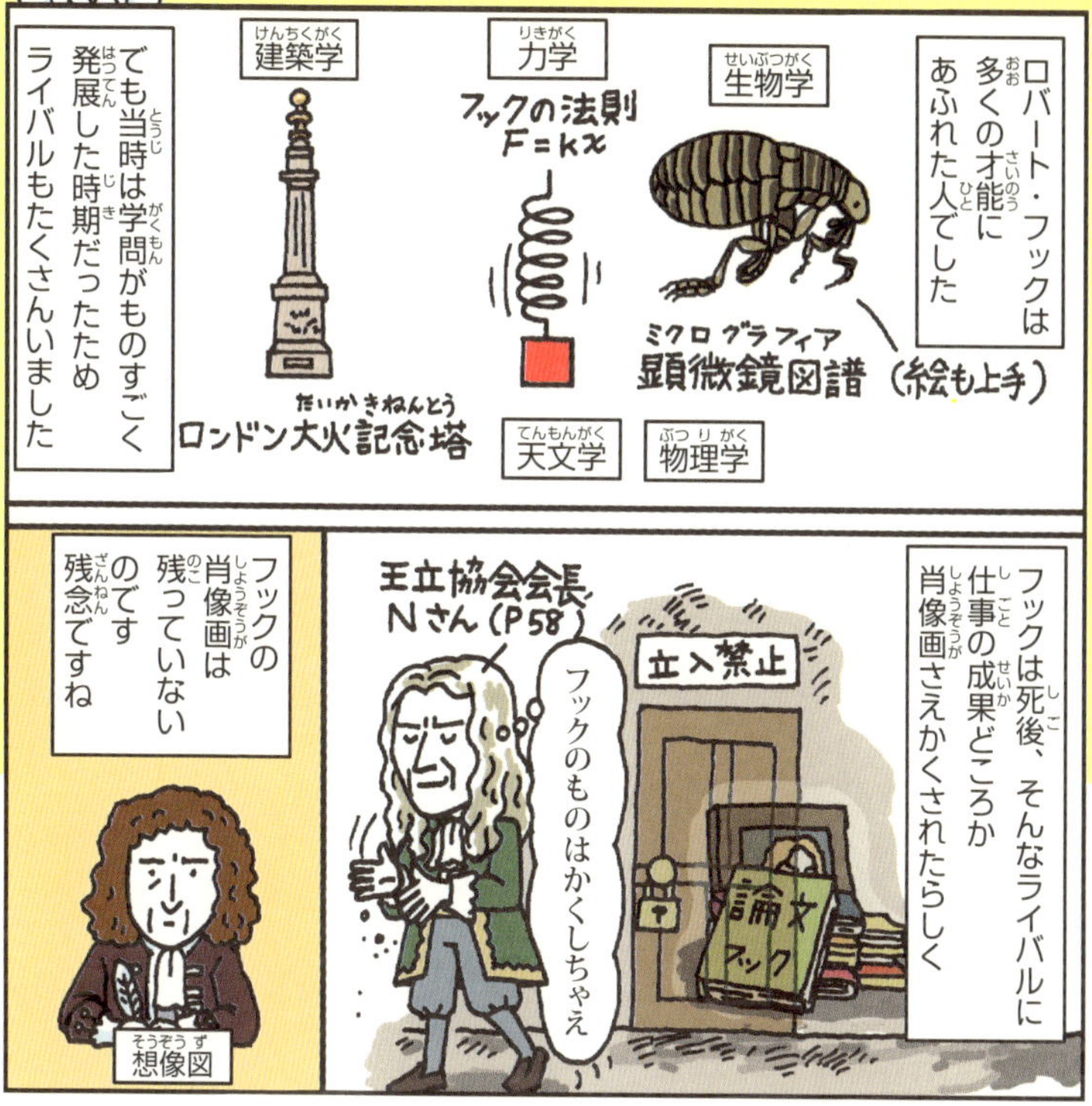

ロバート・フックは多《おお》くの才能《さいのう》にあふれた人《ひと》でした
生物学《せいぶつがく》
顕微鏡図譜《ミクログラフィア》（絵も上手）
力学《りきがく》
フックの法則
F=kx
建築学《けんちくがく》
ロンドン大火記念塔《だいかきねんとう》
天文学《てんもんがく》
物理学《ぶつりがく》
でも当時《とうじ》は学問《がくもん》がものすごく発展《はってん》した時期《じき》だったためライバルもたくさんいました
フックは死後《しご》、そんなライバルに仕事《しごと》の成果《せいか》どころか肖像画《しょうぞうが》さえかくされたらしく
立入禁止
論文
フック
王立協会会長
Nさん（P58）
フックのものはかくしちゃえ
フックの肖像画《しょうぞうが》は残《のこ》っていないのです残念《ざんねん》ですね
想像図《そうぞうず》

がモノを押《お》す力《ちから》をはかる機械《きかい》もつくっています。46ページに出《で》てきたロバート・ボイルの助手《じょしゅ》として、空気《くうき》ポンプをつくり、実験《じっけん》も手伝《てつだ》うというかつやくぶりで、ボイルはおおいに助《たす》けられました。

これだけでも立派《りっぱ》なのに、フックは才能《さいのう》がありすぎて建築《けんちく》にも天《てん》文学《もんがく》にも手《て》を広《ひろ》げます。たとえば、ロンドンで大火事《おおかじ》がおこったときには、焼《や》け野原《のはら》になった町《まち》をつくり直《なお》す計画《けいかく》を監督《かんとく》し、建築家《けんちくか》としてかつやくしました。グリニッジ天文台《てんもんだい》やセント・ポール大聖堂《だいせいどう》、ロンドン大火記念塔《たいかきねんとう》など、いままでもロンドンの観光名所《かんこうめいしょ》になっている有名《ゆうめい》な建物《たてもの》の設計《せっけい》にかかわっています。

細胞《さいぼう》を最初《さいしょ》に観察《かんさつ》 細《こま》かいスケッチが大評判《だいひょうばん》に

もっとすごいのが顕微鏡《けんびきょう》による観察《かんさつ》です。フックは2枚《まい》のレンズを使《つか》った顕微鏡《けんびきょう》を自分《じぶん》でつくって、いろいろな動植物《どうしょくぶつ》を観察《かんさつ》してスケッチしました。それほど倍率《ばいりつ》が高《たか》い顕微鏡《けんびきょう》ではなかったのですが、絵《え》をかくのも上手《じょうず》だったので、見《み》たものをきれいにくわしくかきました。これらの図版《ずはん》118枚《まい》をのせた本《ほん》『ミクログラフィア』を出版《しゅっぱん》したところ、みんながおもしろがって大《だい》ベストセラーになったそうです。ノミやシラミのこまかい絵《え》に、当時《とうじ》の人《ひと》はびっくりしたことでしょう。

フックは、ワインのびんの栓《せん》に使《つか》うコルクのきれはしも顕微鏡《けんびきょう》で観察《かんさつ》し、小《ちい》さな四角《しかく》い形《かたち》の穴《あな》が集《あつ》まっているのを見《み》つけました。これを「小《ちい》さな部屋《へや》」という名前《なまえ》でよびました。それが現在《げんざい》でも使《つか》われている「細胞《さいぼう》」という言葉《ことば》のもとになっています（英語《えいご》では、「セル」といいます）。ただ、実際《じっさい》にフックが見《み》たのは、生《い》きている細胞《さいぼう》ではなくて、細胞《さいぼう》が死《し》んだあとの形《かたち》です。

こんなにいろいろな発見《はっけん》や工夫《くふう》をしたのに、ライバルだったニュートン（58ページ）に仕事《しごと》の成果《せいか》をかくされてしまったといわれています。そのいっぽうで、フックも性格《せいかく》が悪《わる》かったという人《ひと》もいます。

おとなもケンカするんだよね。こまったもんだ。

スマートフォンでかんたん顕微鏡《けんびきょう》！

スマートフォンのカメラに水滴《すいてき》をおとすと水《みず》がレンズの代《か》わりになって、モノが大《おお》きく見《み》える。とてもおもしろい実験《じっけん》だよ。

材料《ざいりよう》 スマートフォン、スポイト（つまようじやおはしでもよい）、水《みず》

実験《じっけん》のしかた

1 スマートフォンのカメラを起動《きどう》し、自撮《じど》りができるようにする。表側《おもてがわ》のレンズにスポイトで水《みず》を1滴《てき》たらす。

レンズの向《む》きをきりかえてね

2 水滴《すいてき》の上《うえ》に糸《いと》やティッシュペーパーをさいた部分《ぶぶん》をかざす。水滴《すいてき》が凸《とつ》レンズの代《か》わりになって、顕微鏡《けんびきょう》のように大《おお》きく見《み》える。写真《しやしん》をとって記録《きろく》を残《のこ》してみよう！

糸
500
ティッシュペーパー
コイン
かみの毛

これはレーウェンフックの顕微鏡《けんびきょう》と同《おな》じしくみだよ。水《みず》でスマートフォンがこわれないよう注意《ちゅうい》してね。

アイザック・ニュートン

意地悪《いじわる》な大科学者《だいかがくしゃ》 万有引力《ばんゆういんりょく》を発見《はっけん》

リンゴが木《き》からおちたのを見《み》て、「モノがおちるのは、地球《ちきゅう》にモノを引《ひ》っぱる力《ちから》があるからじゃない？」なんて考《かんが》えるところが、すでに天才《てんさい》。でも、この天才《てんさい》はかなり意地悪《いじわる》でした。

ニュートンはリンゴから発見《はっけん》した「万有引力《ばんゆういんりょく》の法則《ほうそく》」だけではなく、数学《すうがく》のむずかしい計算《けいさん》「微《び》積分《せきぶん》」も発見《はっけん》しています。ところが間《ま》の悪《わる》いことに、ライプニッツという人《ひと》も同《おな》じころに同《おな》じことを考《かんが》えていました。

プロフィール

- 生没年《せいぼつねん》　1643～1727年《ねん》
- 生誕地《せいたんち》　イギリス
- 子《こ》どものころの成績《せいせき》はパッとしなかった。学校《がっこう》に行《い》くために下宿《げしゅく》していた家《いえ》に薬《くすり》の本《ほん》があり、それらで勉強《べんきょう》した。

時間《じかん》があるっていいことだ

ニュートンの3大業績《だいぎょうせき》は 25才《さい》までに思《おも》いついた ものだそうです
光《ひかり》の分析《ぶんせき》
$F = G\frac{Mm}{r^2}$
万有引力《ばんゆういんりょく》の証明《しょうめい》
微分積分法《びぶんせきぶんほう》
それは イギリスのロンドンで 伝染病《てんせんびょう》のペストが 大流行《だいりゅうこう》したころ
ニュートンがかよっていた 大学《だいがく》も閉鎖《へいさ》され、ふるさとに 帰《かえ》っていた1年《ねん》と8か月《げつ》の あいだのことでした
ん?
ドサ
この期間《きかん》のことは 「驚異《きょうい》の諸年《しょねん》」とか 「創造的休暇《そうぞうてききゅうか》」などと よばれています
あのときは時間《じかん》がたっぷりあって 好《す》きなだけ考《かんが》えごとができたんだ
はぁ ゆとりがあるって幸せ♡
その心《こころ》の余裕《よゆう》がヒラメキの ひけつだよね
それってなにかににてる…
そう! 自分《じぶん》は元気《げんき》だけど インフルエンザがはやって 学級閉鎖《がっきゅうへいさ》になったとき!
それがヒラメキの チャンス!
だから 体調《たいちょう》は 万全《ばんぜん》に!!

ニュートンとライプニッツはどちらが先《さき》に考《かんが》えたかで大《おお》げんかになってしまいました。いいあらそいが終《お》わらないので、王立協会《おうりつきょうかい》という科学者《かがくしゃ》の集《あつ》まりの会《かい》で、どちらが先《さき》に発見《はっけん》したのかをきめる委員会《いいんかい》をつくりました。でも、その王立協会《おうりつきょうかい》の会長《かいちょう》はニュートン。この段階《だんかい》でライプニッツはアウトですね。もちろん、委員《いいん》の多《おお》くはニュートンの味方《みかた》でした。結果《けっか》はいうまでもありません。ニュートンに有利《ゆうり》な報告書《ほうこくしょ》がつくられて、ニュートンが最初《さいしょ》に発見《はっけん》したということになってしまったのです。

このあとにも、ニュートンはロバート・フック（54ページ）にもじゃまをして、フックがまわりにみとめられないようにしたり、イギリスの天文学《てんもんがく》者《しゃ》とすい星《せい》のことでいいあらそって負《ま》けると、いやがらせをしたりしました。こんな具合《ぐあい》に、かなりいやなやつだったようです。

ええかっこしいだったのか、さみしがりやだったのか？

そのいっぽうで、ニュートンにはちょっと不思《ふし》議《ぎ》なところがありました。自分《じぶん》の絵《え》をたくさんかいてもらっていたのです。「自分《じぶん》の絵《え》をかいてもらうことのマニアだった」といっている人《ひと》もいます。いまならスマホで自分《じぶん》がかっこよく見《み》える写《しゃ》真《しん》をたくさんとるようなものですね。最後《さいご》にかいてもらった絵《え》のなかには、自分《じぶん》がかいた本《ほん》や、女《じょ》王《おう》さまにもらった勲章《くんしょう》と同《おな》じ模様《もよう》の勲章《くんしょう》もえがいてあります。

ニュートンは子《こ》ども時代《じだい》にあまりめぐまれては

いませんでした。生《う》まれる前《まえ》にお父《とう》さんは亡《な》くなっていたし、お母《かあ》さんはニュートンが3才《さい》のときに再婚《さいこん》したので、おばあさんに育《そだ》てられたのです。けれど、たくさんのすぐれた研究《けんきゅう》や仕事《しごと》をして女《じょ》王《おう》さまから、ナイトという位《くらい》を贈《おく》られました。とってもがんばって出世《しゅっせ》したので、その自分《じぶん》の姿《すがた》をできるだけかっこいい絵《え》として残《のこ》したいという強《つよ》い気持《きも》ちがあったのかもしれませんね。

実際《じっさい》、ニュートンは力学《りきがく》、数学《すうがく》、光学《こうがく》、天文学《てんもんがく》などいろいろな学問《がくもん》で偉大《いだい》な結果《けっか》を残《のこ》しました。万有引力《ばんゆういんりょく》を始《はじ》めとした研究《けんきゅう》は『プリンキピア』という長《なが》い本《ほん》にまとめられていて、あとの時代《じだい》の科《か》学者《がくしゃ》にとても大《おお》きな影響《えいきょう》を与《あた》えました。いまでも全世界《ぜんせかい》で読《よ》まれている科学雑誌《かがくざっし》「ニュートン」は、ニュートンから名前《なまえ》をとっています。

アイザック・ニュートン

カミナリをつかんだ命知《いのちし》らずの男《おとこ》

フランクリンは命知《いのちし》らずの発明家《はつめいか》です。なぜなら、カミナリの電気《でんき》を自分《じぶん》の手《て》で集《あつ》めようとしたのですから。

フランクリンは「ライデンびん」という電気《でんき》をためておくことができる装置《そうち》に興味《きょうみ》をもちました。当時《とうじ》はやっと電気《でんき》の研究《けんきゅう》が始《はじ》まったころ。まだ電気《でんき》をつくることはできず、研究者《けんきゅうしゃ》たちはモノとモノをこすったときにできる静電気《せいでんき》をライデンびんにためて実験《じっけん》をしていました。フランクリンは

プロフィール

- 生没年《せいぼつねん》　1706〜1790年《ねん》
- 生誕地《せいたんち》　アメリカ
- 10才《さい》で学校《がっこう》に行《い》くのをやめ、兄《あに》の弟子《でし》となって働《はたら》く。物理学《ぶつりがく》や気象学《きしょうがく》などを自分《じぶん》で勉強《べんきょう》。「時《とき》は金《かね》なり」といった人《ひと》。

世《よ》のため、人《ひと》のため。科学者《かがくしゃ》のかがみ！

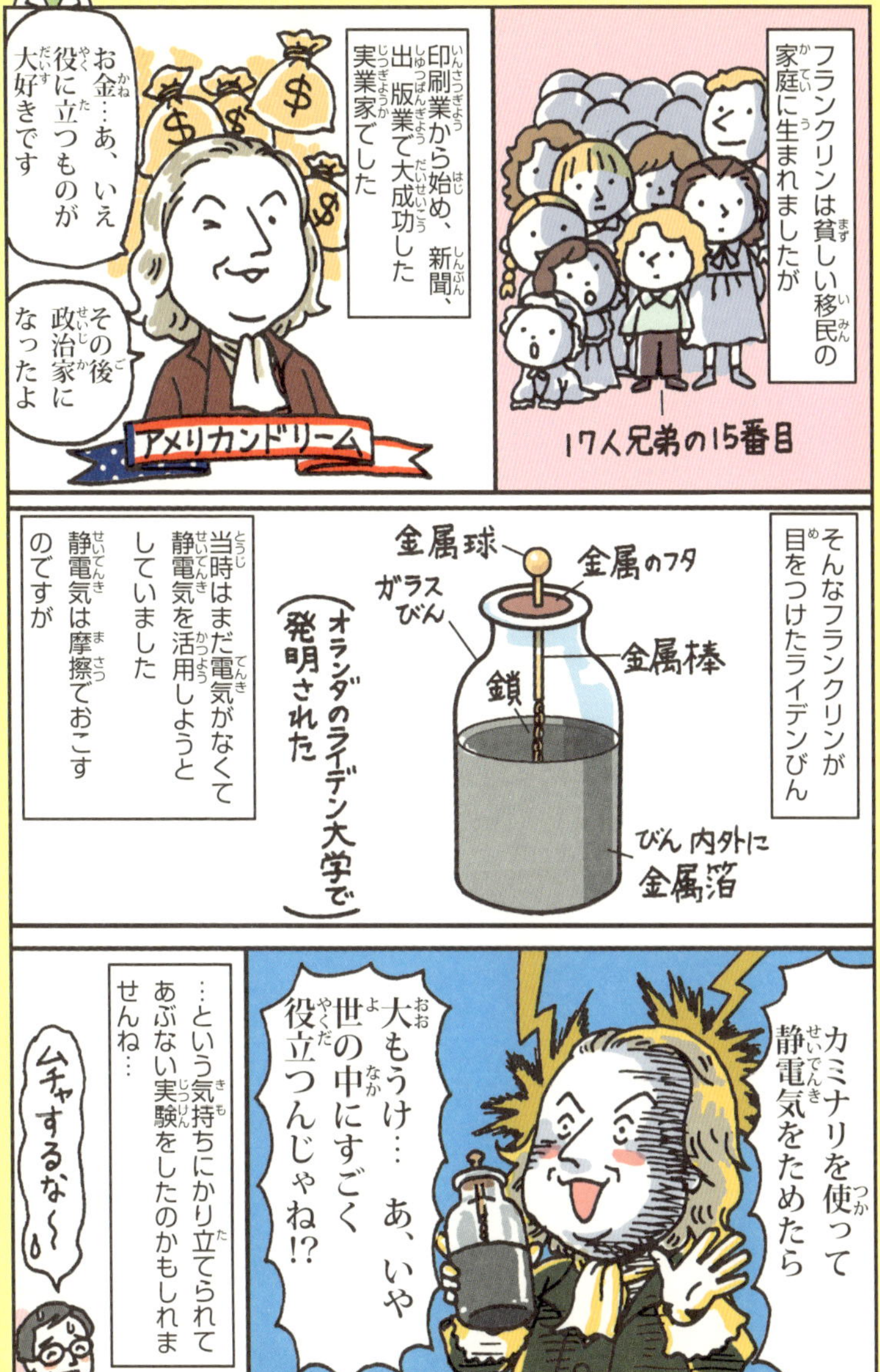

フランクリンは貧《まず》しい移民《いみん》の家庭《かてい》に生《う》まれましたが
17人兄弟の15番目
印刷業《いんさつぎょう》から始《はじ》め、新聞《しんぶん》、出版業《しゅっぱんぎょう》で大成功《だいせいこう》した実業家《じつぎょうか》でした
アメリカンドリーム
お金《かね》…あ、いえ役《やく》に立《た》つものが大好《だいす》きです
その後《ご》政治家《せいじか》になったよ
そんなフランクリンが目《め》をつけたライデンびん
金属球
金属のフタ
ガラスびん
金属棒
鎖
びん内外に金属箔
オランダのライデン大学で発明された
当時《とうじ》はまだ電気《でんき》がなくて静電気《せいでんき》を活用《かつよう》しようとしていました
静電気《せいでんき》は摩擦《まさつ》でおこすのですが
カミナリを使《つか》って静電気《せいでんき》をためたら
大《おお》もうけ…あ、いや世《よ》の中《なか》にすごく役立《やくだ》つんじゃね!?
…という気持《きも》ちにかり立《た》てられてあぶない実験《じっけん》をしたのかもしれませんね…
ムチャするな〜

ライデンびんのなかでバシバシッと光《ひか》る火花《ひばな》を見《み》て、カミナリと火花《ひばな》は同《おな》じものにちがいないとひらめいたのです。

さて、ここからが命知《いのちし》らずの実験《じっけん》です。フランクリンは空《そら》にあげるタコに針金《はりがね》をつけ、タコ糸《いと》はぬれやすい麻《あさ》にし、手元《てもと》あたりに金属《きんぞく》のカギをぶらさげました。その下《した》に電気《でんき》をためるライデンびんをおきます。このまま手《て》でもっては感電《かんでん》してしまうので、その先《さき》はぬれにくい絹糸《きぬいと》にし、絹糸部《きぬいとぶ》分《ぶん》をもって、カミナリが鳴《な》りひびく日《ひ》にタコをあげました。強運《きょううん》にめぐまれたフランクリンは、この実験《じっけん》でカミナリが電気《でんき》だということを証明《しょうめい》しました。こんな実験《じっけん》はぜったいにしてはいけません。カミナリが鳴《な》りそうな日《ひ》にタコあげをするのもダメです。この実験《じっけん》が本当《ほんとう》かどうかためした科《か》学者《がくしゃ》は、亡《な》くなっています。運《うん》がなかったのではなく、これがふつう。

お金持《かねも》ちになる日《ひ》めくりカレンダーも出版《しゅっぱん》

もともとは印刷《いんさつ》の仕事《しごと》をし、新聞《しんぶん》を発行《はっこう》していたフランクリンは20代《だい》の半《なか》ばから25年間《ねんかん》、貧《まず》しい人《ひと》がお金持《かねも》ちになるための言葉《ことば》をかいた日《ひ》めくりカレンダーを出版《しゅっぱん》しました。お金持《かねも》ちになるためといっても、いっしょうけんめい働《はたら》いて、節約《せつやく》して、毎日《まいにち》よいことをしなさいというものです。

フランクリン自身《じしん》も、毎日《まいにち》こういうふうにして生《い》きようという13のきまりをつくって守《まも》っていました。「食《た》べすぎない、おしゃべりしすぎない、きまりをつくってそのとおり働《はたら》く、きめたことは

針金
タコ
麻糸
絹糸
火花
ライデンびん
マネをしては
ダメ！絶対！

ちゃんとやる、むだづかいしない、ぼうっとしない、人《ひと》をだまそうとしない、人《ひと》に悪《わる》いことをしない、すごく変《へん》なことをしない、清《せい》けつにする、あわてない、いやらしいことを考《かんが》えない、えらい人《ひと》や神《かみ》さまをみならう」

フランクリンは40才《さい》くらいで、働《はたら》かなくても暮《く》らせるくらいのお金《かね》持《も》ちになっていました。

また、フランクリンはすぐれた政治家《せいじか》でもありました。**アメリカが独立《どくりつ》するときの、独立宣言《どくりつせんげん》という文章《ぶんしょう》をつくるのにも加《くわ》わっています。アメリカのお札《さつ》に肖像画《しょうぞうが》が印刷《いんさつ》されているほどビッグです。**

フランクリンの13のきまり、
守《まも》れるかな？

グラスハープを鳴《な》らそう！

ワイングラスのふちを指《ゆび》でこすると、摩擦《まさつ》でガラスがこまかく振動《しんどう》する。その振動《しんどう》によって音《おと》が鳴《な》る。水《みず》の量《りょう》を変《か》えたり、ちがう大《おお》きさのグラスをいくつも並《なら》べると音楽《おんがく》が演奏《えんそう》できるよ。これをグラスハープというんだ。フランクリンは、グラスハープの演奏《えんそう》を聞《き》いて感動《かんどう》し、グラスハープを改良《かいりょう》したアルモニカという楽器《がっき》を発明《はつめい》している。

材料《ざいりょう》 ワイングラス、水《みず》

実験《じっけん》のしかた

1 ワイングラスに水《みず》を入《い》れる。

2 人《ひと》さし指《ゆび》を水《みず》でぬらして、ワイングラスのふちをこすると音《おと》がする。

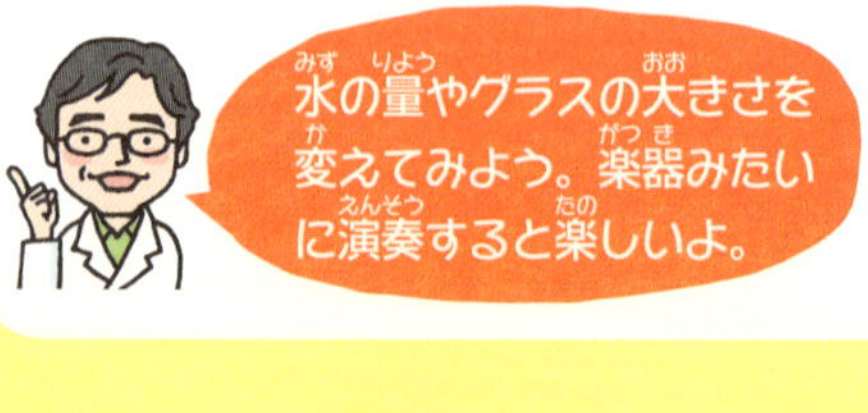
水《みず》の量《りょう》やグラスの大《おお》きさを変《か》えてみよう。楽器《がっき》みたいに演奏《えんそう》すると楽《たの》しいよ。

5つの問題《もんだい》に
チャレンジしよう

QUIZ《クイズ》 わかるかな？

1 気圧《きあつ》をあらわす単位《たんい》はどれ？

① ミリメートル
② ボルト
③ ヘクトパスカル

2 同《おな》じ大《おお》きさのワイングラスに水《みず》を入《い》れて、グラスのふちをこすって音《おと》を出《だ》したとき、高《たか》い音《おと》が出《で》るのは水《みず》が多《おお》いとき？少《すく》ないとき？

① 多《おお》いときのほうが高《たか》い音《おと》が出《で》る
② 少《すく》ないときのほうが高《たか》い音《おと》が出《で》る
③ どちらでも変《か》わらない

3 雷《かみなり》の電気《でんき》の強《つよ》さ（電圧《でんあつ》）は家庭用《かていよう》の電気《でんき》のなん倍《ばい》といわれている？

① およそ1００万倍《まんばい》
② およそ1００倍《ばい》
③ およそ2倍《ばい》

4 台風《たいふう》の中心《ちゅうしん》をなんという？

① へそ
② 眼《め》
③ 口《くち》

5 細胞《さいぼう》1つでできている生物《せいぶつ》をなんという？

① 純粋細胞《じゅんすいさいぼう》
② 単細胞《たんさいぼう》
③ びっくり細胞《さいぼう》

正解《せいかい》の数《かず》はいくつだった？

0～2

あれれ、ざんねんだったね

3～4

あとすこしだね

5

すごいね！

答《こた》え Q1=③ Q2=② Q3=①（雷《かみなり》は約《やく》1億《おく》ボルトといわれているよ。家庭用《かていよう》は100ボルト） Q4=② Q5=②

平賀源内《ひらがげんない》

まじめに考《かんが》えてみよう 品《ひん》のいいおならの音《おと》って？

源内《げんない》は江戸《えど》時代《じだい》のマルチタレントです。蘭学者《らんがくしゃ》、医者《いしゃ》、作家《さつか》、画家《がか》、発明家《はつめいか》、実業家《じつぎょうか》、コピーライターと、仕事《しごと》をあげたらきりがありません。

一番有名《いちばんゆうめい》な話《はなし》は、長崎《ながさき》で手《て》に入《い》れたエレキテル（静電気《せいでんき》をつくる装置《そうち》）を修理《しゅうり》したことです。源内《げんない》はエレキテルの原理《げんり》をよくはわかっていなかったようで、修理《しゅうり》に7年《ねん》かかっています。西洋《せいよう》でもまだ電気《でんき》のことはよくわかっていない時代《じだい》ですから、たいしたものです。源内《げんない》はエレキテルを医療器具《いりょうきぐ》

プロフィール

- 生没年《せいぼつねん》　1728〜1779年《ねん》
- 生誕地《せいたんち》　日本《にほん》
- めずらしいものをつくって人《ひと》をおどろかせていたため、「天狗小僧《てんぐこぞう》」とよばれていた。13才《さい》で博物学《はくぶつがく》、24才《さい》になると長崎《ながさき》でオランダ語《ご》を学《まな》ぶ。

として使《つか》ったり、大名《だいみょう》やお金持《かねも》ちの商人《しょうにん》たちに見《み》せたりして人々《ひとびと》をびっくりさせていました。

作家《さっか》として最高《さいこう》におかしいのが、おなら芸人《げいにん》が主人公《しゅじんこう》の『放屁論《ほうひろん》』という物語《ものがたり》です。そのなかで、源内《げんない》はおならの音《おと》には3種類《しゅるい》あるといっています。「ぶっと鳴《な》るのは上品《じょうひん》で、おならの形《かたち》は丸《まる》い」「ぶうと鳴《な》るのは上品《じょうひん》でも下品《げひん》でもなく、おならの形《かたち》は小判形《こばんがた》」「すーっと出《で》るのは下品《げひん》で、おならの形《かたち》は細長《ほそなが》くて、少《すこ》しひらべったい」。ふつうの人《にん》間《げん》は、この3種類《しゅるい》しかできないけれど、おなら芸《げい》人《にん》はおならを音階《おんかい》で鳴《な》らしたり、詩《し》を読《よ》むようにおならの音《おと》を変《か》えたり、自由自在《じゆうじざい》におならをあやつることができる。だれでもするおならをここまで完《かん》ぺきな芸《げい》にしてみんなを喜《よろこ》ばせるのはすばらしい。ほかのことの専門家《せんもんか》もみならったらいいのに、ということをかいています。

科学者《かがくしゃ》のイメージからは遠《とお》くなってしまいましたが、万歩計《まんぽけい》や方角《ほうがく》をはかる磁針器《じしんき》をつくったり、薬《くすり》の研究《けんきゅう》をして日本《にほん》で初《はじ》めて全国《ぜんこく》規模《きぼ》の薬物《やくぶつ》や産物《さんぶつ》の展示交換会《てんじこうかんかい》「薬品会《やくひんかい》」を開《ひら》いたりもしています。自由《じゆう》な発想《はっそう》とチャレンジ精神《せいしん》があれば、なんでもできそうな気《き》になりますね。

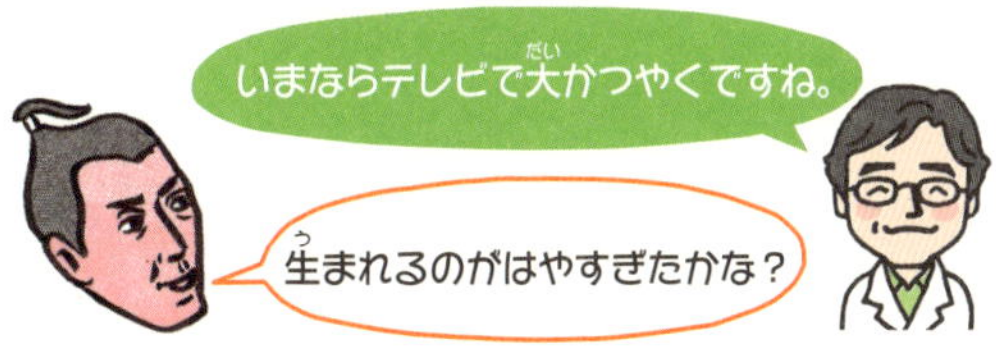
いまならテレビで大《だい》かつやくですね。
生《う》まれるのがはやすぎたかな？

ヘンリー・キャベンディッシュ

人《ひと》と話《はな》すのが苦手《にがて》な実験《じっけん》オタク

超《ちょう》セレブで超変人《ちょうへんじん》、そして実験《じっけん》オタク。キャベンディッシュはともかく変《か》わった人《ひと》でした。

イギリスのお金持《かねも》ちの貴族《きぞく》の家《いえ》に生《う》まれ、ケンブリッジ大学《だいがく》で学《まな》びました。けれど問題《もんだい》が1つ。人《ひと》づきあいが大《だい》の苦手《にがて》でした。そのせいかどうかわかりませんが、卒業試験《そつぎょうしけん》を受《う》けず、大学《だいがく》を卒業《そつぎょう》しませんでした。

その後《ご》は家《いえ》にこもって、あまり人《ひと》と会《あ》わずに実《じっ》験《けん》を繰《く》り返《かえ》す実験《じっけん》オタクでした。お手伝《てつだ》いさん

プロフィール

●生没年《せいぼつねん》　1731～1810年《ねん》

●生誕地《せいたんち》　フランス（国籍《こくせき》はイギリス）

●両親《りょうしん》ともに貴族《きぞく》で、お金持《かねも》ちの家《いえ》に生《う》まれたが、子《こ》どものころから人《ひと》と話《はな》したりするのがきらいだった。フランスで生《う》まれたのは、病気《びょうき》がちの母親《ははおや》が療養《りょうよう》に行《い》っていたため。

実験《じっけん》オタクがみんなこうとはかぎらない

と話《はな》すのもいやで、用事《ようじ》があれば、ドアにメモをはさんでおいたそうです。

女《おんな》の人《ひと》も苦手《にがて》でした。屋敷《やしき》のなかでうっかりキャベンディッシュと顔《かお》を合《あ》わせてしまった女性《じょせい》のお手伝《てつだ》いさんが、やめさせられたこともあったそうです。

しかし、科学《かがく》や研究《けんきゅう》がとても好《す》きだったので、王立協会《おうりつきょうかい》という学会《がっかい》には毎週出席《まいしゅうしゅっせき》していました。もちろん、その席《せき》でもあまりしゃべりません。

大金持《おおがねも》ちとはいえ、お父《とう》さんが生《い》きているあいだはあまりお金《かね》を自由《じゆう》に使《つか》えなかったので、暮《く》らしは質素《しっそ》でした。ところがお父《とう》さんが亡《な》くなってばく大《だい》な財産《ざいさん》を手《て》にすると、もう使《つか》い放題《ほうだい》。実験《じっけん》室《しつ》や図書館《としょかん》をつくって毎日実験《まいにちじっけん》に取《と》り組《く》みました。図書館《としょかん》はほかの科学者《かがくしゃ》も使《つか》えるようにしたそうです。理由《りゆう》はともかく、えらいですね。

発表《はっぴょう》もしないで実験《じっけん》ばかり 亡《な》くなってからみんなびっくり

亜鉛《あえん》や鉄《てつ》、すずなどの金属《きんぞく》に、塩酸《えんさん》や硫酸《りゅうさん》をかけると、気体《きたい》が発生《はっせい》します。キャベンディッシュは、この気体《きたい》が水素《すいそ》だということを発見《はっけん》した科学者《かがくしゃ》です。

水素以外《すいそいがい》にも、水《みず》は酸素《さんそ》と水素《すいそ》が結《むす》びついたものであることや、気圧《きあつ》が一定《いってい》のとき気体《きたい》は温度《おんど》が1度上《どあ》がるごとに273分《ぶん》の1ずつふくらむこと、電気《でんき》は流《なが》れる距離《きょり》が長《なが》いほど流《なが》れにくいことなど、いろいろな発見《はっけん》をしました。

けれども、こうした研究《けんきゅう》の結果《けっか》を世間《せけん》に発表《はっぴょう》しなかったので、キャベンディッシュのしたことは本書をお買い上げいただき、誠にありがとうございました。
質問にお答えいただけたら幸いです。

◎ご購入いただいた本のタイトルをご記入ください。

『　　　　　　　　　　　　　　　　　　　　　　　』

★著者へのメッセージ、または本書のご感想をお書きください。

●本書をお求めになった動機は？

①著者が好きだから　②タイトルにひかれて　③テーマにひかれて
④カバーにひかれて　⑤帯のコピーにひかれて　⑥新聞で見て
⑦インターネットで知って　⑧売れてるから／話題だから
⑨役に立ちそうだから

生年月日	西暦　　　年　　月　　日（　　歳）男・女			
ご職業	①学生	②教員・研究職	③公務員	④農林漁業
	⑤専門・技術職	⑥自由業	⑦自営業	⑧会社役員
	⑨会社員	⑩専業主夫・主婦	⑪パート・アルバイト	
	⑫無職	⑬その他（		）

このハガキは差出有効期間を過ぎても料金受取人払でお送りいただけます。

ご記入いただきました個人情報については、許可なく他の目的で使用することはありません。ご協力ありがとうございました。

郵 便 は が き

料金受取人払郵便

代々木局承認

6948

差出有効期間
2020年11月9日
まで

1 5 1 8 7 9 0

203

東京都渋谷区千駄ヶ谷 4-9-7

(株) 幻 冬 舎

書籍編集部宛

1518790203

ご住所 〒

都・道
府・県

フリガナ

お名前

メール

インターネットでも回答を受け付けております
http://www.gentosha.co.jp/e/

裏面のご感想を広告等、書籍の PR に使わせていただく場合がございます。

幻冬舎より、著者に関する新しいお知らせ・小社および関連会社、広告主からのご案内を送付することがあります。不要の場合は右の欄にレ印をご記入ください。

不要 □

長《なが》いあいだだれも知《し》りませんでした。別《べつ》の科学者《かがくしゃ》が同《おな》じことを研究《けんきゅう》して、その人《ひと》の名前《なまえ》が発見者《はっけんしゃ》として歴史《れきし》に残《のこ》ったりしています。

キャベンディッシュが亡《な》くなって約《やく》70年後《ねんご》、マクスウェル（128ページ）という科学者《かがくしゃ》が、キャベンディッシュの一族《いちぞく》からキャベンディッシュが発表《はっぴょう》しなかった論《ろん》文《ぶん》の原《げん》こうを受《う》けとって、5年《ねん》かけて整理《せいり》。その内容《ないよう》のすばらしさにおどろきました。マクスウェルは論文《ろんぶん》にかかれたのと同《おな》じ実験《じっけん》をし、その結《けつ》果《か》が正《ただ》しいことをたしかめて、キャベンディッシュの研究《けんきゅう》として発表《はっぴょう》しました。

マクスウェル
ス・ゴ・イ
キャベンディッシュのけんきゅう

キャベンディッシュがなぜ研究《けんきゅう》を発表《はっぴょう》しなかったのかというと、だれが最初《さいしょ》にその研究《けんきゅう》を発表《はっぴょう》したかというあらそいに巻《ま》きこまれるのがいやだったからだといわれています。

だれが一番《いちばん》に発見《はっけん》したかということは、科学《かがく》の研究《けんきゅう》にとっては大事《だいじ》なことではないし、一番《いちばん》に発見《はっけん》したと人《ひと》からほめられることにも関心《かんしん》がなかったのです。キャベンディッシュは、実験《じっけん》や研究《けんきゅう》が本当《ほんとう》に好《す》きだったんですね。

ケンブリッジ大学《だいがく》には、キャベンディッシュ研究所《けんきゅうじょ》がありますね。

親《しん》せきがお金《かね》を寄付《きふ》したからできたんだ。
も～、ボクのことはほっといて！

ヘンリー・キャベンディッシュ

ジェームズ・ワット

工場《こうじょう》や町《まち》をイメチェン 蒸気機関《じょうききかん》の底力《そこぢから》

ワットは蒸気機関《じょうききかん》を発明《はつめい》した、と思《おも》っている人《ひと》がいますが、これはまちがい。ワットは、蒸気機関《じょうききかん》を実際《じっさい》に使《つか》いやすいように改良《かいりょう》した人《ひと》です。

1712年《ねん》にトマス・ニューコメンという人《ひと》が、石炭《せきたん》をほる場所《ばしょ》で必要《ひつよう》な、地下水《ちかすい》をくみあげるしくみを蒸気《じょうき》を利用《りよう》してつくりました。ところが、これは実用的《じつようてき》とはいえないものでした。

そこで登場《とうじょう》したのがワットです。ワットの工夫《くふう》で蒸気機関《じょうききかん》の性能《せいのう》がだんぜん向上《こうじょう》。そのため、イ

プロフィール

- 生没年《せいぼつねん》　1736～1819年《ねん》
- 生誕地《せいたんち》　イギリス
- 子《こ》どものときは母親《ははおや》から勉強《べんきょう》を教《おそ》わる。大学《だいがく》で精密《せいみつ》な機械《きかい》をつくる仕事《しごと》をしているときに蒸気《じょうき》エンジンに興味《きょうみ》をもつ。

人《ひと》も馬《うま》もハッピー！　こうじゃなくちゃ

ギリスでは工業《こうぎょう》がさかんになり、一度《いちど》にたくさんのモノができるようになりました。これを「産業革命《さんぎょうかくめい》」といいます。蒸気機関《じょうききかん》は紙《かみ》をつくる工場《こうじょう》、小麦《こむぎ》を小麦粉《こむぎこ》にする工場《こうじょう》、綿花《めんか》を糸《いと》にする工場《こうじょう》、石炭《せきたん》や鉄《てつ》をつくる工場《こうじょう》などで、とても便利《べんり》に使《つか》われました。また、地方《ちほう》で農業《のうぎょう》をしていた人《ひと》たちが都会《とかい》に出《で》てきたり、鉄道《てつどう》が発達《はったつ》してレジャーを楽《たの》しむようになりました。

長《なが》い年月《ねんげつ》がかかって　やっと完成《かんせい》した蒸気機関《じょうききかん》

スコットランドの船大工《ふなだいく》の家《いえ》に

生《う》まれたワットは、18才《さい》のときにロンドンに出《で》て、モノをはかる機械《きかい》をつくるための訓練《くんれん》を受《う》けました。これをたった1年《ねん》でマスターして、グラスゴーという町《まち》にひっこしたのですが、この町《まち》の職人《しょくにん》たちが仕事《しごと》をさせてくれません。この時代《じだい》は、職人《しょくにん》の組合《くみあい》がみとめてくれないと仕事《しごと》ができなかったのです。

そこで、グラスゴー大学《だいがく》で機械《きかい》をつくったり修《しゅう》理《り》したりする工房《こうぼう》を開《ひら》いて働《はたら》くようになったところ、大学《だいがく》から蒸気機関《じょうききかん》の模型《もけい》の修理《しゅうり》をたのまれました。

ワットが蒸気機関《じょうききかん》を調《しら》べると、蒸気《じょうき》の力《ちから》がむだに使《つか》われていることがわかったため、もっとうまく使《つか》えるよう実験《じっけん》や工夫《くふう》を重《かさ》ねました。

それはかんたんなことではありません。1765年《ねん》に蒸気機関《じょうききかん》の改良《かいりょう》を始《はじ》めてから、お金《かね》が底《そこ》をついたり、奥《おく》さんが亡《な》くなったりで、業務用《ぎょうむよう》として完成《かんせい》したのが1776年《ねん》でした。

話《はなし》がそれますが、「モノを動《うご》かす力《ちから》」はみんなが同《おな》じ基準《きじゅん》をもたないと、混乱《こんらん》してしまいます。そこでワットは、馬《うま》が約《やく》75キロのモノを1秒《びょう》で1メートル引《ひ》き続《つづ》ける力《ちから》を「1馬力《ばりき》」ときめました。

なぜ馬《うま》が出《で》てくるのかというと、昔《むかし》はモノを運《はこ》んだり、ポンプで水《みず》をくみあげたり、小麦《こむぎ》を粉《こな》にしたりするときには馬《うま》の力《ちから》を使《つか》っていたからです。「馬力《ばりき》を出《だ》して!」と先生《せんせい》にいわれたら、ワットを思《おも》い出《だ》してください。

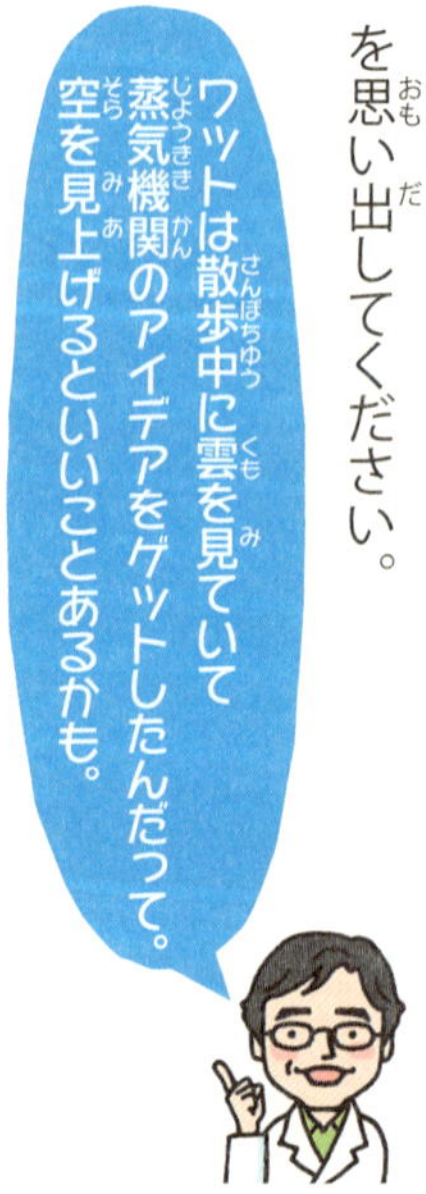
ワットは散歩中《さんぽちゅう》に雲《くも》を見《み》ていて
蒸気機関《じょうききかん》のアイデアをゲットしたんだって。
空《そら》を見上《みあ》げるといいことあるかも。

蒸気《じょうき》の力《ちから》で「くねくね人形《にんぎょう》」をつくろう！

セロファンの人形《にんぎょう》に蒸気《じょうき》を当《あ》てると、その面《めん》は水分《すいぶん》を吸《す》ってのび、くねくね動《うご》く。この「くねくね人形《にんぎょう》」は本当《ほんとう》に不思議《ふしぎ》な動《うご》きをするから、見《み》ていて楽《たの》しいよ。

材料《ざいりょう》　セロファンかトレーシングペーパー、はさみ、ボウル、45℃くらいのお湯《ゆ》、輪《わ》ゴム、薄《うす》いハンカチ

つくり方《かた》、実験《じっけん》のしかた

❶ セロファンかトレーシングペーパーを人《ひと》や動物《どうぶつ》やキャラクターの形《かたち》に切《き》る。絵《え》をかくならトレーシングペーパーのほうがかきやすい。

❷ ボウルにお湯《ゆ》を入《い》れ、ハンカチをかぶせて輪《わ》ゴムでとめる。

お好《この》み焼《や》きのかつおぶしが丸《まる》まるのも同《おな》じりくつだよ。

◆人形《にんぎょう》をおどらせてみよう

ハンカチの上《うえ》に切《き》りぬいたセロファンをのせると、ひっくり返《かえ》ったり、丸《まる》まったり、くねくねと動《うご》いて見《み》えるよ。人形《にんぎょう》の動《うご》きが悪《わる》いときは、もっと熱《あつ》いお湯《ゆ》を使《つか》おう！　ただし、やけどに注意《ちゅうい》してね。

ルイジ・ガルバーニ

カエルの足《あし》から電気《でんき》がつく社会《しゃかい》に

ガルバーニはカエルの足《あし》から電気《でんき》を発見《はっけん》した人《ひと》です。偶然《ぐうぜん》の発見《はっけん》って、科学《かがく》の世界《せかい》ではよくあることですが、ガルバーニが見《み》つけた電気《でんき》もその1つ。ガルバーニは解剖学者《かいぼうがくしゃ》ですから、電気《でんき》の専門家《せんもんか》ではありません。けれど、たまたま解剖《かいぼう》したカエルの足《あし》に2本《ほん》のメスを入《い》れたら、カエルの足《あし》がビクビクふるえたので「カエルが電気《でんき》をもってる！」と考《かんが》えたのです。

さらにガルバーニは、カエルの足《あし》だけを切《き》り離《はな》

プロフィール

●生没年《せいぼつねん》　1737～1798年《ねん》

●生誕地《せいたんち》　イタリア

●宗教《しゅうきょう》の勉強《べんきょう》をしたかったが、両親《りょうしん》の希望《きぼう》でボローニャ大学《だいがく》で医学《いがく》の勉強《べんきょう》をし、解剖学《かいぼうがく》の先生《せんせい》になる。

して真《しん》ちゅう（5円玉《えんだま》に使《つか》われている金属《きんぞく》）のフックにひっかけ、カミナリが鳴《な》る日《ひ》に屋外《おくがい》の鉄《てつ》さくにぶら下《さ》げ、カエルの足《あし》がふるえることを確認《かくにん》しました。それだけでなく、晴《は》れの日《ひ》にもカエルの足《あし》はふるえました。「ヤッター！　電気《でんき》は筋肉《きんにく》のなかにある！」。いやいや、2つのちがう金属《きんぞく》を筋肉《きんにく》に刺《さ》したことで電気《でんき》が流《なが》れたんです。

いいところまでいったのですが、当時《とうじ》は動物《どうぶつ》の神経《しんけい》には電気《でんき》が流《なが》れていて、それが筋肉《きんにく》を動《うご》かすと信《しん》じられていたので、その証拠《しょうこ》を見《み》つけたと思《おも》ってしまったのです。ガルバーニは、これを「動物電気《どうぶつでんき》」と名《な》づけました。ガルバーニの実験《じっけん》は死《し》んだものを生《い》き返《かえ》らせるとかんちがいされヨーロッパ中《じゅう》で話題《わだい》になりました。というのも、ガルバーニのおいが死《し》んだ牛《うし》や犬《いぬ》などに電気《でんき》を通《とお》すことで手足《てあし》を動《うご》かしたり、目《め》を開《あ》けたりする実験《じっけん》をみんなの前《まえ》でしたためです。でも、ガルバーニの実験《じっけん》がそのあとのボルタ（83ページ）の研究《けんきゅう》に続《つづ》くのですから、いまのような便利《べんり》な生活《せいかつ》ができるのはガルバーニのおかげです。

ガルバーニは、本当《ほんとう》は神《かみ》さまに仕《つか》える人《ひと》になりたかったのだそうです。

ガルバーニのカエルの実験《じっけん》

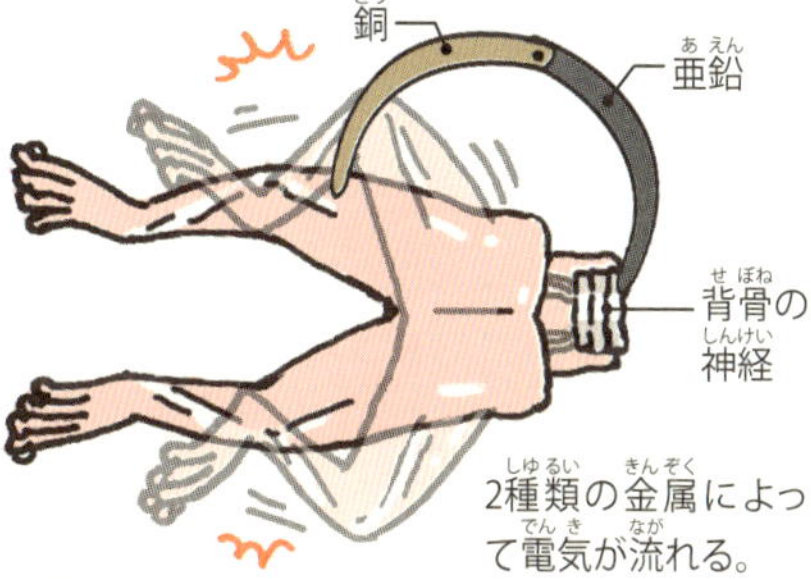

銅《どう》
亜鉛《あえん》
背骨《せぼね》の神経《しんけい》

2種類《しゅるい》の金属《きんぞく》によって電気《でんき》が流《なが》れる。

かんちがいも、たまにはいいことあるね。

アントワーヌ・ラボアジエ

愛《あい》の力《ちから》おそるべし 科学《かがく》の基礎《きそ》ができちゃった

ラボアジエは大金持《おおがねも》ちのおぼっちゃんでしたが、花輪《はなわ》クン（知《し》ってる？　ちびまる子《こ》ちゃんの友《とも》だち）みたいに、「ぼくの人生《じんせい》はいつも一人旅《ひとりたび》さ」なんていって気取《きど》っていることはありませんでした。なぜなら、14才《さい》も年下《としした》のマリー・アンヌという美人《びじん》の奥《おく》さんがいたからです。

マリー・アンヌもラボアジエに負《ま》けないくらいお金持《かねも》ちの家《いえ》に生《う》まれた娘《むすめ》で、結婚当時《けっこんとうじ》は14才《さい》。まだ子《こ》どもです。ところが、彼女《かのじょ》の才能《さいのう》はずば抜《ぬ》

プロフィール

- 生没年《せいぼつねん》　1743～1794年《ねん》
- 生誕地《せいたんち》　フランス
- 父親《ちちおや》はお金持《かねも》ちの弁護士《べんごし》。5才《さい》のころに母親《ははおや》が亡《な》くなる。パリ大学《だいがく》で法律《ほうりつ》を勉強《べんきょう》するが、科学《かがく》に興味《きょうみ》をもつようになった。

〝ひょうたんからこま〟っていうのかな？

マリー・アンヌのお父《とう》さんはこまっていました
君《きみ》の娘《むすめ》と結婚《けっこん》したいことわったら仕事《しごと》クビね
ボス→
50才《さい》の伯爵《はくしやく》
うちの娘《むすめ》はまだ10才《さい》で子《こ》どもですよ
ムリムリムリムリ
お父さん
それでも何年《なんねん》も求婚《きゅうこん》が続《つづ》くので
しつこいオヤジだなっ
そろそろヨメにくれ
仕事仲間《しごとなかま》のラボアジエ君《くん》（28才《さい》）
どうしました？ポールズさん
そうだ！あのおっさんをあきらめさせるにはこれだ！
うちの娘《むすめ》と結婚《けっこん》してください！
え？
きっかけはドサクサでしたがふたりはお似合《にあ》いの夫婦《ふうふ》となりました
めでたしめでたし

けていて、ラテン語《ご》やイタリア語《ご》、英語《えいご》のほかに絵《え》の勉強《べんきょう》もして、外《がい》国《こく》の本《ほん》をフランス語《ご》に訳《やく》したり、夫《おっと》の実験《じっけん》の様子《ようす》をこまかくスケッチしたりと、助手兼弟子兼妻《じょしゅけんでしけんつま》の3役《やく》をこなすデキる女《おんな》でした。

ラボアジエはお金持《かねも》ちのうえに土地《とち》もたくさんもっていて、国《くに》の税金《ぜいきん》を集《あつ》める役人《やくにん》をしていたので、給料《きゅうりょう》ももらっていました。そのため、ほかの科学者《かがくしゃ》には買《か》えないくらい高価《こうか》で性能《せいのう》がいい実験道具《じっけんどうぐ》を買《か》うことができました。実験室《じっけんしつ》はマリー・アンヌを中心《ちゅうしん》とした社《しゃ》交界《こうかい》のようだったそうです。

高価《こうか》で精密《せいみつ》な器具《きぐ》を使《つか》って「化学《かがく》」をつくった

ラボアジエの生《い》きている時代《じだい》にはまだ、水《みず》があたたまると魔法《まほう》の力《ちから》が働《はたら》いて土《つち》に変化《へんか》すると信《しん》じられていました。

でも、ラボアジエはそんなことはおかしいと思《おも》いました。そこで、水《みず》の入《はい》ったガラスびんにぴったりふたをして重《おも》さをはかり、これを101日間《にちかん》沸《ふっ》とうさせ続《つづ》けました。ラボアジエはそうとう執念《しゅうねん》ぶかい人《ひと》ですね。101日後《にちご》に重《おも》さをはかると、びんの底《そこ》になにかがたまっていましたが、重《おも》さそのものは前《まえ》と変《か》わりませんでした。よくよく観察《かんさつ》すると、底《そこ》にたまっていたのは、びんの内側《うちがわ》がとけたものであることがわかりました。この実験《じっけん》で、水《みず》は土《つち》に変化《へんか》しないことを証明《しょうめい》しました。

ほかに、モノが燃《も》えるときには燃《も》えるモノと「酸素《さんそ》」がむすびつくということも発見《はっけん》しています。酸素《さんそ》という名前《なまえ》をつけたのはラボアジエです。

ラボアジエはバリバリ研究《けんきゅう》をし、次々《つぎつぎ》と近代的《きんだいてき》な化学《かがく》の基礎《きそ》をつくっていきました。しかし、税《ぜい》金《きん》を集《あつ》める仕事《しごと》をしていたため、フランス革命《かくめい》のときに、貧《まず》しい人《ひと》たちから、「税金《ぜいきん》をガッポリ自分《じぶん》のおさいふに入《い》れているにちがいない」とうたがわれ、つかまってしまいました。そして、ギロチンで処刑《しょけい》されるはめに。「わたしはとても幸《しあわ》せだった。人生《じんせい》にくいはない」とマリー・アンヌに手紙《てがみ》をかき残《のこ》したそうです。

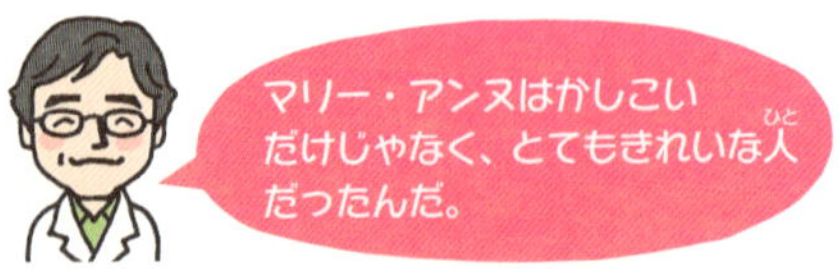
マリー・アンヌはかしこいだけじゃなく、とてもきれいな人《ひと》だったんだ。

アレッサンドロ・ボルタ

計算《けいさん》ぎらいでも電池《でんち》はできる

計算《けいさん》がきらいでもだいじょうぶ。立派《りっぱ》な科学者《かがくしゃ》になれます。

電池《でんち》のもとをつくったボルタは計算《けいさん》が大《だい》きらいでした。大学《だいがく》の先生《せんせい》として授業《じゅぎょう》をしていたときには、むずかしい式《しき》が出《で》てくるところは説明《せつめい》するのがいやで、飛《と》ばしてしまったそうです。みなさんが学生《がくせい》なら大《だい》ブーイング、それとも大喜《おおよろこ》び？

電池《でんち》を見《み》ると、小《ちい》さい文字《もじ》で「1・5V」などとかいてあります。Vは「ボルト」と読《よ》みます。

プロフィール

●生没年《せいぼつねん》　1745～1827年《ねん》

●生誕地《せいたんち》　イタリア

●4才《さい》まであまり話《はなし》ができなかった。7才《さい》で父親《ちちおや》が亡《な》くなり、おじに育《そだ》てられる。学校《がっこう》では哲学《てつがく》の勉強《べんきょう》をしていたが、だんだん電気《でんき》に興味《きょうみ》をもつようになった。

"おとなげない"って、こういうこと

電気《でんき》を送《おく》り出《だ》す力《ちから》の強《つよ》さを示《しめ》しています。このボルトの名前《なまえ》のもとになったのがボルタです。**ボルタは、銀《ぎん》と銅《どう》のようにちがう種類《しゅるい》の金属《きんぞく》どうしのあいだに電気《でんき》が流《なが》れるということを発見《はっけん》して、いまの電池《でんち》のもとをつくりました。**

ボルタとガルバーニは犬猿《けんえん》の仲《なか》だった

ボルタはガルバーニ（78ページ）のカエルの実験《じっけん》の話《はなし》を聞《き》いてとても興味《きょうみ》をもちました。でも、「なんかちがう」とも思《おも》いました。2種類《しゅるい》の金属《きんぞく》がカエルの体液《たいえき》につかったことで電流《でんりゅう》が流《なが》れたわけで、カエルがふるえたのは電流《でんりゅう》が流《なが》れていることをあらわしているだけ。カエルの足《あし》なんかはどうでもいいはずだ、と考《かんが》えたのです。

ガルバーニに反対意見《はんたいいけん》を出《だ》したので、二人《ふたり》のあいだでいいあらそいが始《はじ》まりました。けれど、**ボルタは円盤状《えんばんじょう》の金属《きんぞく》と塩水《しおみず》でしめらせた布《ぬの》を交互《こうご》につみ重《かさ》ねて電池《でんち》をつくることに成功《せいこう》。**

ボルタは自分《じぶん》の舌《した》の上《うえ》に2種類《しゅるい》の金属《きんぞく》をのせて電流《でんりゅう》を流《なが》してみて、味《あじ》がすることや、たくさん電《でん》池《ち》をつないでどれくらいビリビリするのかたしかめたそうですよ。みなさんはぜったいにやってはダメ。危険《きけん》です。

ところで、ガルバーニとボルタが生《い》きた時代《じだい》はナポレオンがかつやくしていた時代《じだい》です。そのイケイケのナポレオンのことをボルタはとても尊敬《そんけい》していましたが、ガルバーニはきらいでした。こういう点《てん》でも二人《ふたり》は仲《なか》が悪《わる》かったのです。

アレッサンドロ・ボルタ

塩水《しおみず》と金属《きんぞく》の板《いた》で電池《でんち》をつくろう!

塩水《しおみず》のなかに銅板《どうばん》とトタン板《いた》を入《い》れると、トタン板《いた》に使《つか》われている亜鉛《あえん》が水《みず》にとけだして電子《でんし》が出《で》てくる。これを銅板《どうばん》が受《う》けとって電気《でんき》が通《とお》り、LEDがつく。

材料《ざいりょう》 トタン板《いた》、銅板《どうばん》、ガラスのコップ2個《こ》以上《いじょう》、濃《こ》い塩水《しおみず》(水《みず》100mℓに塩《しお》30〜40gをとかしたもの)、両側《りょうがわ》がクリップ型《がた》になっている導線《どうせん》(コップの数《かず》+1本《ほん》)、LED

つくり方《かた》

❶ トタン板《いた》と銅板《どうばん》はコップのふちにかけられるよう、はしを曲《ま》げておく。

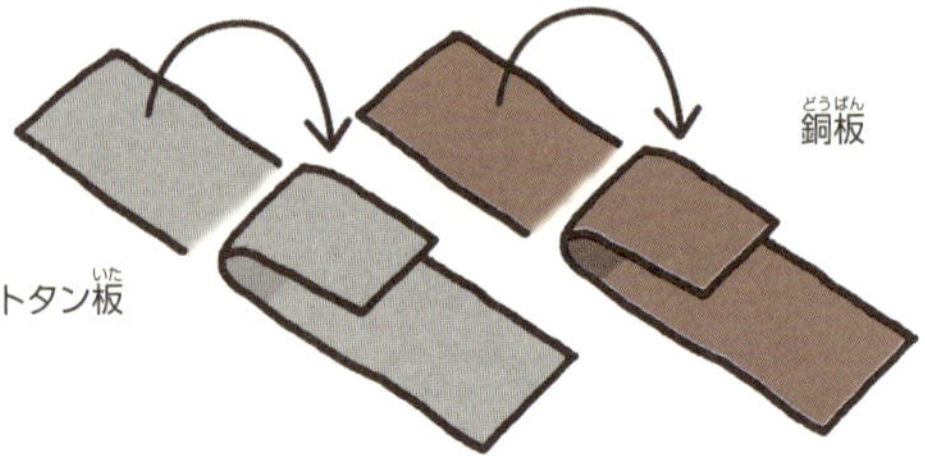

❷ コップに濃《こ》い塩水《しおみず》を入《い》れ、左右《さゆう》にトタン板《いた》と銅板《どうばん》をかける。

❸ 2つ目《め》、3つ目《め》のコップも同《おな》じようにする。ここではコップを3つ使《つか》う。

④ 1つ目《め》のコップのトタン板《いた》と2つ目《め》のコップの銅《どう》板《ばん》を導線《どうせん》でつなぐ。2つ目《め》のコップのトタン板《いた》と3つ目《め》のコップの銅板《どうばん》も導線《どうせん》でつなぐ。

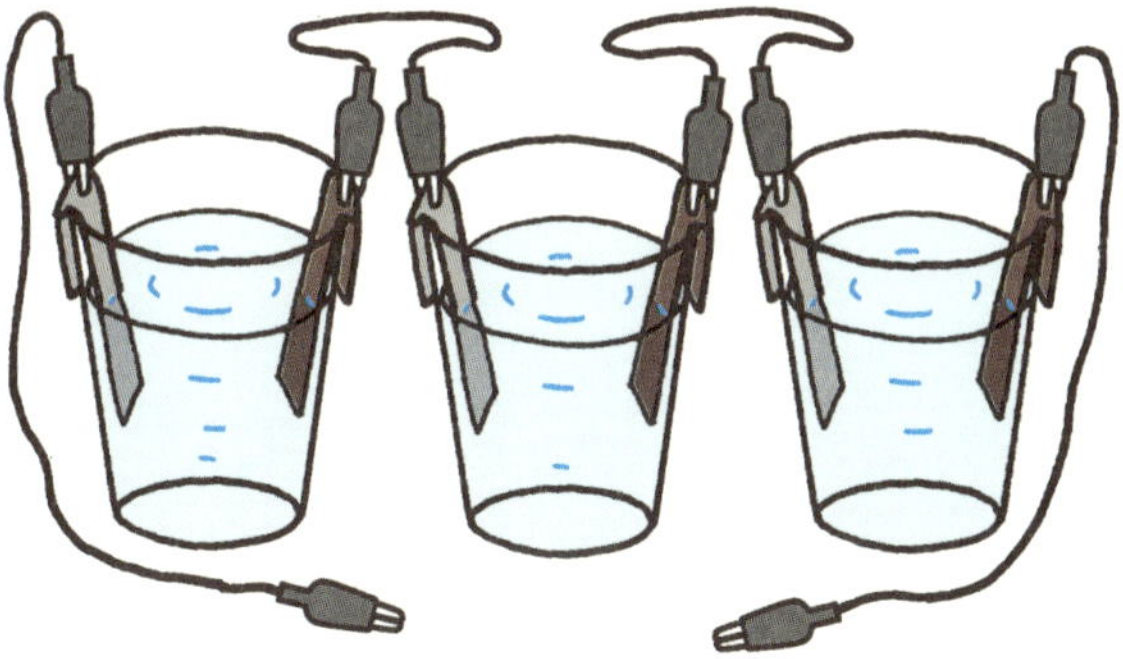

⑤ 1つ目《め》のコップの銅板《どうばん》と3つ目《め》のコップのトタン板《いた》のあいだにLEDをつなぐと電気《でんき》が通《とお》って光《ひか》る。

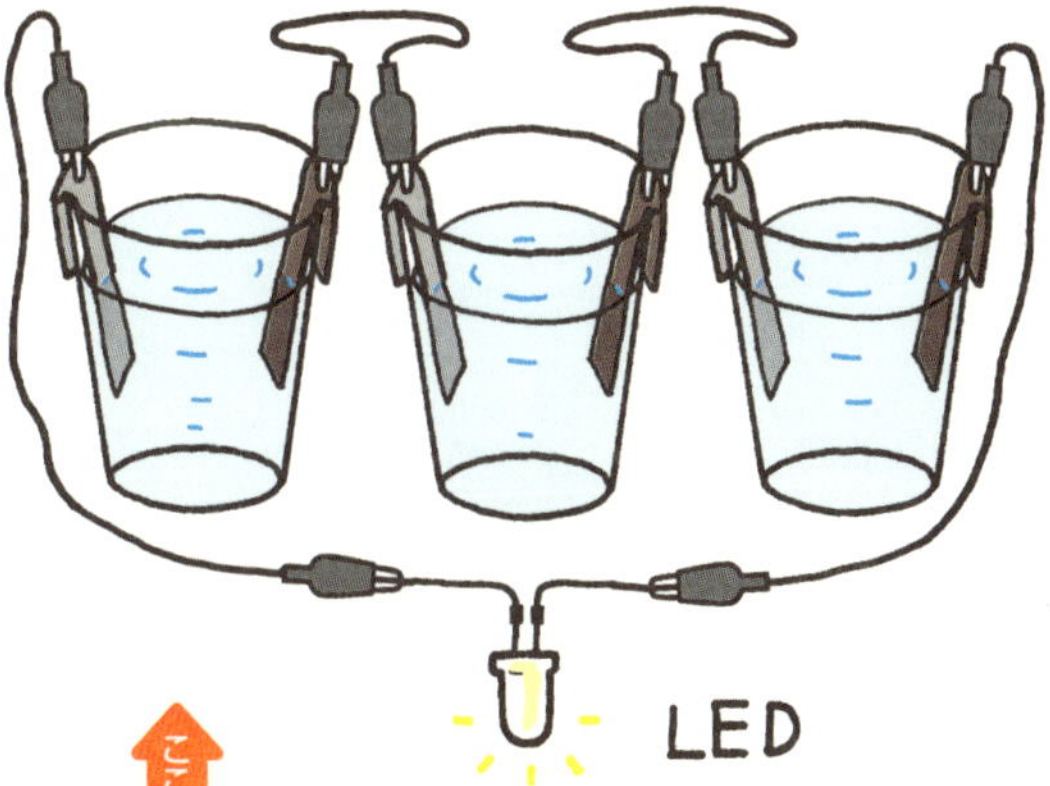

この実験《じっけん》の方法《ほうほう》は、初《はじ》めて電池《でんち》をつくったボルタのボルタ電池《でんち》と同《おな》じしくみ。電池《でんち》が「池《いけ》」という字《じ》を使《つか》うのは、電池《でんち》のなかみはもともと液体《えきたい》だったからなんだ。

ここでコツ

1つのコップで約《やく》0.7ボルトになるよ。コップの数《かず》をふやすとそれだけ電圧《でんあつ》が高《たか》くなる。LEDは小《ちい》さな電力《でんりょく》で光《ひか》るよ。LEDの種類《しゅるい》によって、光《ひか》らないものもある。なるべく低《ひく》い電圧《でんあつ》で光《ひか》るものがオススメ。

橋本宗吉《はしもとそうきち》

信《しん》じられない！4か月《げつ》で4万語《まんご》を暗記《あんき》？

めっちゃくちゃすごい記憶力《きおくりょく》で大出世《だいしゅっせ》したのが橋本宗吉《はしもとそうきち》です。

宗吉《そうきち》は4、5才《さい》のころからお父《とう》さんのかさ屋《や》で仕事《しごと》をしていたのですが、このときから評判《ひょうばん》は上々《じょうじょう》だったとか。24才《さい》のときに医者《いしゃ》になるために蘭学者《らんがくしゃ》（西洋《せいよう》の文化《ぶんか》や技術《ぎじゅつ》を研究《けんきゅう》した人《ひと》）に入門《にゅうもん》しました。そのうちに記憶力《きおくりょく》のよさをみこまれてスポンサーがつき、江戸《えど》（いまの東京《とうきょう》）で勉強《べんきょう》するお金《かね》を援助《えんじょ》してもらえることになりました。ス

プロフィール

- 生没年《せいぼつねん》　1763〜1836年《ねん》
- 生誕地《せいたんち》　日本《にほん》
- 江戸《えど》でオランダ語《ご》を学《まな》ぶ。有名《ゆうめい》な学者大槻玄沢《がくしゃおおつきげんたく》に学《まな》んで医者《いしゃ》になり、医者《いしゃ》の仕事《しごと》をしながら、エレキテルの研究《けんきゅう》をする。

ポンサーになったのは二人《ふたり》の学者《がくしゃ》で、蘭学《らんがく》の本《ほん》を翻訳《ほんやく》してくれる人《ひと》を探《さが》していたのです。

宗吉《そうきち》は江戸《えど》でオランダ語《ご》と医学《いがく》の勉強《べんきょう》をしました。**オランダ語《ご》はたった4か月《げつ》で4万語《まんご》をおぼえてしまったそうです。**宗吉《そうきち》は大阪《おおさか》にもどるとスポンサーのために蘭学《らんがく》の本《ほん》の翻訳《ほんやく》をしたり、解剖《かいぼう》をしたりの大《だい》かつやくで、超有名人《ちょうゆうめいじん》になりました。

40才《さい》をすぎてからエレキテルの研究《けんきゅう》を始《はじ》め、本《ほん》をかいてエレキテルの原理《げんり》を説明《せつめい》したり、**日本《にほん》で初《はじ》めて電気《でんき》の実験《じっけん》もしました。この実験《じっけん》がまたすごい名前《なまえ》です。「百人《ひゃくにん》おどし」。子《こ》どもたちが勉強《べんきょう》していた寺子屋《てらこや》という塾《じゅく》のようなところで、百人《ひゃくにん》の子《こ》どもたちが手《て》をつないで感電《かんでん》するというものです。**

宗吉《そうきち》は本《ほん》のなかでフランクリン（62ページ）のタコあげの実験《じっけん》を自分《じぶん》もしたことをかいています。これには「天《てん》の火《ひ》をとる」という名前《なまえ》をつけています。ほかに、カエルなどの動物《どうぶつ》をエレキテルで気絶《きぜつ》させる実験《じっけん》をしたことなどもかいています。

年《とし》をとってから、宗吉《そうきち》は当時《とうじ》禁止《きんし》されていたキリスト教《きょう》の信者《しんじゃ》ではないかとうたがいをかけられたため、つきあっていた人《ひと》たちは宗吉《そうきち》のことをかくそうと宗吉《そうきち》についてはあまり話《はなし》をしなくなりました。そのため、ひっそりと暮《く》らしたようですが、実《じつ》は江戸時代《えどじだい》を代表《だいひょう》する科学者《かがくしゃ》なのです。

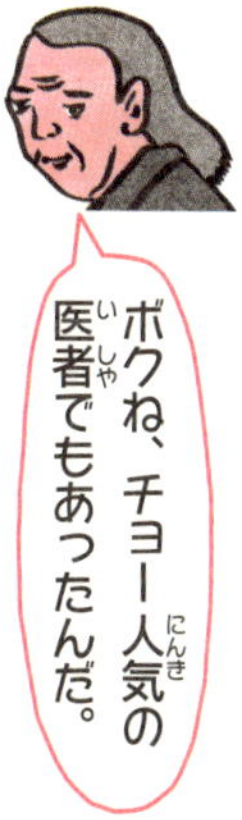
ボクね、チョー人気《にんき》の医者《いしゃ》でもあったんだ。

おみそれしました。

百人《ひゃくにん》おどしをやってみよう!

静電気《せいでんき》をコップに集《あつ》めてから、みんなで手《て》をつないでコップをさわると……。
電気《でんき》がみんなの体《からだ》を通《とお》る。ちょっとびっくりするかも。

材料《ざいりょう》 アルミホイル、プラスチックのコップ3個《こ》、はさみ、フェルトペン、セロハンテープ、風船《ふうせん》、マフラーなどの布《ぬの》

つくり方《かた》、実験《じっけん》のしかた

❶ コップに巻《ま》きつけるアルミホイルを切《き》るための型《かた》をつくる。まず、コップのひとつを縦《たて》に切《き》る。ふちを切《き》ってから、底《そこ》も切《き》り取《と》る。

②
①
③

❷ アルミホイルの上《うえ》に❶の型《かた》を置《お》いて、フェルトペンでなぞって型《かた》をとり、切《き》る。これを2枚《まい》つくる。

❸ 2つ目《め》のコップの上《うえ》のほうを少《すこ》しあけて、❷のアルミホイルを巻《ま》きつけてセロハンテープでとめる。3つ目《め》のコップも同《おな》じようにする。2つのコップを重《かさ》ねる。

あまったアルミホイルは底《そこ》に折《お》る

ここでコツ コップの上部《じょうぶ》にアルミホイルを巻《ま》かないのは、電気《でんき》が通《とお》らない「絶縁体《ぜつえんたい》」という部分《ぶぶん》をつくるため。ここが汚《よご》れると電気《でんき》がたまりにくくなるから、なるべくさわらないようにしよう。

4 アルミホイルを30㎝くらい切《き》り、細《ほそ》く折《お》りたたんで帯《おび》をつくる。これを、重《かさ》ねたコップのあいだにはさむ。

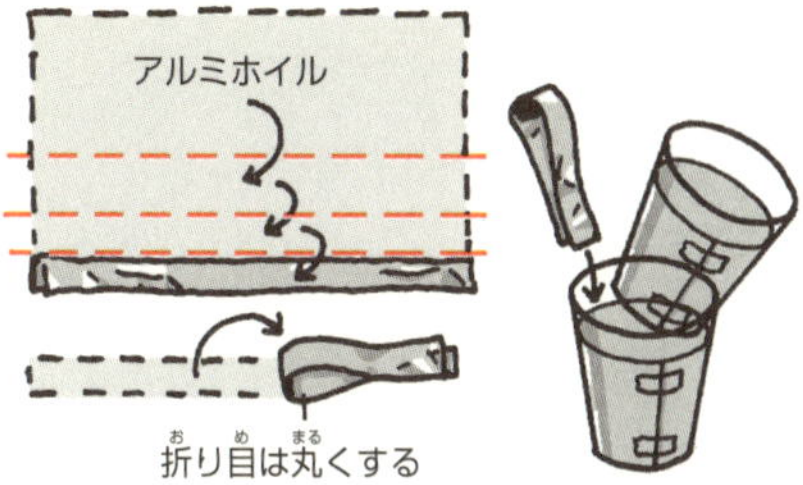
アルミホイル
折《お》り目《め》は丸《まる》くする

5 風船《ふうせん》をふくらませて口《くち》をとめ、マフラーをこすりつけて静電気《せいでんき》をおこす。

6 風船《ふうせん》をアルミホイルの帯《おび》に近《ちか》づける。そうすると静電気《せいでんき》がコップのアルミホイルの部分《ぶぶん》に移動《いどう》する。これを何度《なんど》も繰《く》り返《かえ》すことでたくさんの静電気《せいでんき》がたまる。

◆百人《ひやくにん》おどしをやってみよう

何人《なんにん》かで手《て》をつないで輪《わ》になり、ひとりがコップをもち、となりの人《ひと》がアルミホイルの帯《おび》にさわるとビリビリッと全員《ぜんいん》に電気《でんき》が通《とお》るよ。

フランクリンのところで出《で》てきたライデンびんのしくみと同《おな》じだよ。

湿気《しつけ》の多《おお》い時期《じき》より乾燥《かんそう》しているときのほうがうまくいくよ。風船《ふうせん》をこするマフラーや布《ぬの》もなるべく乾《かわ》いたものを使《つか》おう。

ここでコツ

注意《ちゅうい》 静電気《せいでんき》はごくわずかな量《りよう》なので、人《ひと》の体《からだ》に通《とお》しても害《がい》はないのですが、妊娠中《にんしんちゆう》の人《ひと》、心臓《しんぞう》にペースメーカーをつけている人《ひと》、体調《たいちよう》の悪《わる》い人《ひと》はやめてください。

ジョン・ドルトン

目《め》に見《み》えないものを想像《そうぞう》してみることが大事《だいじ》

子《こ》どもでも先生《せんせい》になれた時代《じだい》がありました。でも、12才《さい》は早《はや》すぎかも。

農業《のうぎょう》と織物《おりもの》で生活《せいかつ》していたドルトンの家《いえ》は貧《まず》しかったため、ドルトンは地元《じもと》の小学校《しょうがっこう》を卒業《そつぎょう》すると家計《かけい》を助《たす》けるため、**12才《さい》で学校《がっこう》の先生《せんせい》として働《はたら》き始《はじ》めました。**学校《がっこう》といっても、村《むら》の子《こ》どもたちを集《あつ》めてちょっと教《おし》えるくらいのものです。ただ、残念《ざんねん》なことにその学校《がっこう》は2年《ねん》で失敗《しっぱい》。もっと勉強《べんきょう》したかったドルトンはがっかりです。

プロフィール

- 生没年《せいぼつねん》　1766～1844年《ねん》
- 生誕地《せいたんち》　イギリス
- 大学《だいがく》の先生《せんせい》になったものの、研究《けんきゅう》の時間《じかん》がなくなるのがいやで6年《ねん》でやめてしまう。家庭教師《かていきょうし》をしながら研究《けんきゅう》した。

15才《さい》になると、今度《こんど》はお兄《にい》さんといっしょにとなり町《まち》のケンダルで学校《がっこう》をひらき、そこでギリシャ語《ご》やラテン語《ご》、力学《りきがく》などを教《おし》えるようになりました。ドルトンは先生《せんせい》に教《おそ》わることなく、ひとりでコツコツこれらの勉強《べんきょう》をしていたのです。

21才《さい》になると、ドルトンはジョン・ゴフという目《め》の見《み》えない先生《せんせい》にすすめられ、毎日天気《まいにちてんき》などの気象観測日誌《きしょうかんそくにっし》をつけるようになります。

気象観測《きしょうかんそく》を続《つづ》けていたドルトンはだんだん大気《たいき》に興味《きょうみ》をもつようになりました。そして大気《たいき》について考えているうちに、モノをどんどん小《ちい》さくすると、それ以上分割《いじょうぶんかつ》できないごく小《ちい》さな「原子《げんし》」というものになり、種類《しゅるい》によってその大《おお》きさや性《せい》質《しつ》はちがうんじゃないかなどと考《かんが》えるようになりました。これを「原子説《げんしせつ》」といいます。現在《げんざい》は研《けん》究《きゅう》が進《すす》んで、もっと小《ちい》さいものからできていることがわかっていますが、当時《とうじ》、ドルトンが目《め》には見《み》えないものの構造《こうぞう》を考《かんが》えたことは、化学《かがく》を1歩《ぽ》も2歩《ほ》も前進《ぜんしん》させました。もっとも、この説《せつ》を発《はっ》表《ぴょう》した講演《こうえん》を聞《き》いている人《ひと》は、たった7人《にん》だったそうです。96ページに出《で》てくるアボガドロは、ドルトンの考《かんが》えをおし進《すす》めた人《ひと》です。

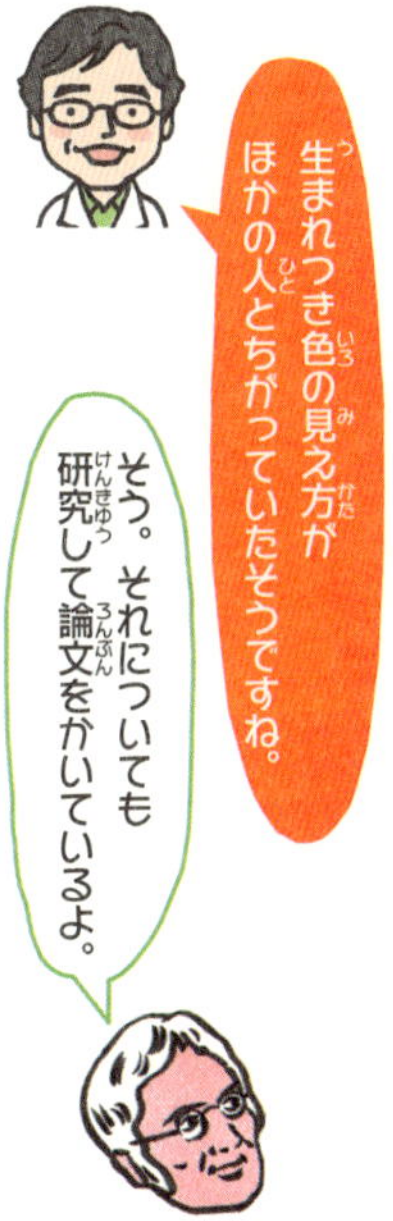
生《う》まれつき色《いろ》の見《み》え方《かた》がほかの人《ひと》とちがっていたそうですね。
そう。それについても研究《けんきゅう》して論文《ろんぶん》をかいているよ。

ところで、ドルトンは亡《な》くなる前日《ぜんじつ》まで観測日《かんそくにっ》誌《し》をかき続《つづ》けました。なんと57年間《ねんかん》！　亡《な》くなる前日《ぜんじつ》の、最後《さいご》の記録《きろく》は「本日小雨《ほんじつこさめ》」。コツコツ、コツコツ、継続《けいぞく》は力《ちから》なり！

トマス・ヤング

光《ひかり》は「赤《あか》・緑《みどり》・青《あお》」でできている

13才《さい》のころには、ラテン語《ご》、ギリシャ語《ご》、イタリア語《ご》、フランス語《ご》が読《よ》め、14才《さい》でヘブライ語《ご》、ペルシャ語《ご》、アラビア語《ご》、シリア語《ご》などをマスターした神童《しんどう》ヤング。それも自分《じぶん》で勉強《べんきょう》したというのですから、びっくりですね。

ヤングは最初《さいしょ》は医者《いしゃ》になりましたが、人気《にんき》がなくてやめてしまいました。そのあと、王立研究所《おうりつけんきゅうじょ》の先生《せんせい》になりましたが、これも不評《ふひょう》で退職《たいしょく》。授業《じゅぎょう》がむずかしすぎたようです。神童《しんどう》だからといって、

プロフィール

●生没年《せいぼつねん》　1773〜1829年《ねん》

●生誕地《せいたんち》　イギリス

●神童《しんどう》といわれた。2才《さい》のときにはすらすらと本《ほん》が読《よ》め、4才《さい》のときには聖書《せいしょ》が読《よ》めたという。

なんでもうまくいくわけではないのですね。
そんなことから、いろいろなところで研究《けんきゅう》することになりました。まず医者《いしゃ》としての立場《たちば》から、人《ひと》がモノを見《み》るときに焦点《しょうてん》を合《あ》わせるために目《め》のレンズの厚《あつ》さを調節《ちょうせつ》する筋肉《きんにく》があることを証明《しょうめい》しました。その後《ご》、光《ひかり》には波《なみ》のように進《すす》んでいく性《せい》質《しつ》があることや、人《ひと》の目《め》は赤《あか》、緑《みどり》、青《あお》の3色《しょく》の光《ひかり》に反応《はんのう》し、反応《はんのう》の割合《わりあい》のちがいで黄色《きいろ》や紫《むらさき》などいろいろな色《いろ》を見分《みわ》けていることを発見《はっけん》しました。

ヤングは、持《も》ち前《まえ》の好奇心《こうきしん》と語学《ごがく》のセンスをいかし、そのころエジプトで発見《はっけん》されてイギリスの大英博物館《だいえいはくぶつかん》に運《はこ》ばれた石《いし》にかかれている古代《こだい》のエジプト文字《もじ》をいくつか読《よ》むことに成功《せいこう》しました。

この石《いし》は「ロゼッタ・ストーン」とよばれ、いまも大英博物館《だいえいはくぶつかん》にかざられています。このころは、考《こう》古学者《こがくしゃ》だけでなくふつうの人《ひと》も、この文字《もじ》を読《よ》むのに夢中《むちゅう》になっていたそうです。

ヤングは、ロゼッタ・ストーンにかかれていた文字《もじ》のなかから、プトレマイオスというエジプトの王《おう》さまの名前《なまえ》をあらわすのがどの部分《ぶぶん》かを発見《はっけん》して、その後《ご》の考古学《こうこがく》の研究《けんきゅう》の役《やく》にも立《た》ちました。

「光《ひかり》の3原色《げんしょく》」は赤《あか》・緑《みどり》・青《あお》

3色《しょく》の組《く》み合《あ》わせで、ほとんどの色《いろ》をつくることができるので「3原色《げんしょく》」という。3色《しょく》の光《ひかり》をまぜると白《しろ》になる。

「絵《え》の具《ぐ》の3原色《げんしょく》」というのもあるよ。
空色《そらいろ》、赤紫色《あかむらさきいろ》、黄色《きいろ》で、まぜると黒《くろ》になる。

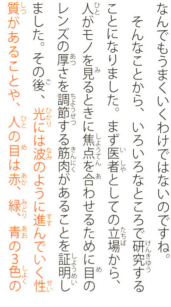

アメデオ・アボガドロ

50年《ねん》も無視《むし》された「分子《ぶんし》」むずかしすぎた？

50年間《ねんかん》も研究《けんきゅう》をスルーされていた化学者《かがくしゃ》がアボガドロです。

そもそも、アボガドロはすごく地味《じみ》な性格《せいかく》でした。地方《ちほう》に住《す》んでいたため、都会《とかい》の科学者《かがくしゃ》たちと交流《こうりゅう》することもなく、自分《じぶん》から「すごい発見《はっけん》をしたぞ！」と売《う》りこんだりすることもない、いたっておだやかな人《ひと》でした。奥《おく》さんや6人《にん》の子《こ》どもといっしょにいる時間《じかん》をとても大事《だいじ》にしていた、よきパパだったのです。

プロフィール

- 生没年《せいぼつねん》　1776〜1856年《ねん》
- 生誕地《せいたんち》　イタリア
- 大学《だいがく》を卒業《そつぎょう》すると弁護士《べんごし》になった。20代半《だいなか》ばで物理《ぶつり》や数学《すうがく》に興味《きょうみ》をもち、研究《けんきゅう》を始《はじ》める。

お父《とう》さんが法律家《ほうりつか》だったので、アボガドロも大《だい》学《がく》では法律《ほうりつ》の勉強《べんきょう》をし、卒業《そつぎょう》すると弁護士《べんごし》になりました。けれど、しだいに数学《すうがく》や物理《ぶつり》に興味《きょうみ》をもつようになり、自分《じぶん》で勉強《べんきょう》して、ついに大学《だいがく》の先《せん》生《せい》になってしまいました。

アボガドロは、後《のち》に「アボガドロの法則《ほうそく》」とよばれる研究《けんきゅう》の結果《けっか》をフランスの物理学雑誌《ぶつりがくざっし》に発表《はっぴょう》しました。1811年《ねん》のことです。その内容《ないよう》をざっくりいうと、モノの性質《せいしつ》をもつ（ここが肝心《かんじん》！）一番小《いちばんちい》さい単位《たんい》は「分子《ぶんし》」であること、また当時《とうじ》はドルトン（92ページ）が「モノの一番《いちばん》小《ちい》さい単《たん》位《い》は原子《げんし》という粒《つぶ》だ」といっており、それが科学《かがく》界《かい》の常識《じょうしき》になっていたのに、「原子《げんし》とはちがう分子《ぶんし》がある」というものです。

しかし、なにしろアボガドロ自身《じしん》が無名《むめい》の先生《せんせい》でしたし、いなか者《もの》がすごい論文《ろんぶん》をかくとはだれも思《おも》っていませんでしたから、論文《ろんぶん》をまともに読《よ》む人《ひと》もいなかったようです。また、アボガドロの研究《けんきゅう》テーマは内容《ないよう》がむずかしくて理解《りかい》できなかったのも、読《よ》まれなかった原因《げんいん》だといわれています。

アボガドロが亡《な》くなって4年後《ねんご》の1860年《ねん》のこと。同《おな》じイタリア出身《しゅっしん》で、同《おな》じテーマを研究《けんきゅう》していた化学者《かがくしゃ》スタニズラオ・カニッツァーロが、アボガドロの論文《ろんぶん》を見《み》つけて、その論文《ろんぶん》が正《ただ》しいことを証明《しょうめい》。そして史上初《しじょうはつ》の国際化学者会議《こくさいかがくしゃかいぎ》で発《はっ》表《ぴょう》しました。ここで「すごいじゃん！」とスポットライトが当《あ》たったのです。めでたし、めでたし。

よかったね！アボガドロさん。
カニッツァーロに足《あし》を向《む》けて寝《ね》られません。

ハンフリー・デービー

アイドル科学者《かがくしゃ》 笑《わら》っちゃうガスを発見《はっけん》

立派《りっぱ》な研究《けんきゅう》をしても、残念《ざんねん》な性格《せいかく》だった科学者《かがくしゃ》がいます。デービーもそのひとりです。

デービーは最初《さいしょ》、気体《きたい》の研究《けんきゅう》をしていました。人《ひと》が吸《す》うと笑《わら》ってしまうガスをくわしく調《しら》べて、そのガスが感覚《かんかく》をまひさせることを発見《はっけん》しました。麻酔薬《ますいやく》の原型《げんけい》みたいなものです。デービーは自分《じぶん》の歯《は》ぐきの治療《ちりょう》にも試《ため》してみたそうです。このほかに、元素《げんそ》を発見《はっけん》したり、電気《でんき》で金属《きんぞく》を分解《ぶんかい》する方法《ほうほう》も発明《はつめい》しました。いろいろな研究《けんきゅう》をしたこと

プロフィール

- 生没年《せいぼつねん》　1778〜1829年《ねん》
- 生誕地《せいたんち》　イギリス
- 近《ちか》くに住《す》んでいた医師《いし》に見習《みなら》いとして入《はい》り、自分《じぶん》で化学《かがく》と外国語《がいこくご》を学《まな》んだ。その後《ご》、研究所《けんきゅうじょ》に入《はい》って「笑気《しょうき》ガス」の研究《けんきゅう》で大評判《だいひょうばん》になる。

イケメンはいつの時代《じだい》もトクをする…

がみとめられて、ナイトの称号《しょうごう》をもらいました。科学《かがく》の研究《けんきゅう》でナイトになったのは、ニュートン以来《いらい》イギリスで二人目《ふたりめ》です。

実験《じっけん》や研究《けんきゅう》の講演《こうえん》をするのも得《と》意《い》でした。一般《いっぱん》の人《ひと》に向《む》けた講演《こうえん》会《かい》では、化学実験《かがくじっけん》を見《み》せながら、まるで俳優《はいゆう》が舞台《ぶたい》でお芝居《しばい》をするように、詩《し》のような表現《ひょうげん》を使《つか》ってわかりやすく説明《せつめい》するので、デービーの講演《こうえん》はいつも満員《まんいん》だったそうです。ただわかりやすいだけではなく、デービーはハンサムだったので、女性《じょせい》に大人気《だいにんき》でした。このころはまだ23才《さい》。アイドル科学《かがく》者《しゃ》とおっかけで熱気《ねっき》ムンムンの講演会《こうえんかい》だったのでしょう。あるときは500人《にん》ものお客《きゃく》さんの拍手《はくしゅ》が鳴《な》りやまなかったと、デービー自身《じしん》がノートにかいています。

セコくて意地悪《いじわる》？

ここまでならよかったのですが、デービーは実験《じっけん》の助手《じょしゅ》として、102ページに出《で》てくるファラデーをやとっていたことがありました。デービーは、最初《さいしょ》のうちはファラデーのことを単《たん》なる雑用《ざつよう》係《がかり》としか思《おも》っていませんでした。しかし、ファラデーがだんだん才能《さいのう》をはっきりし始《はじ》めると、まわりの人《ひと》もファラデーはすごい科学者《かがくしゃ》だとみとめるようになりました。デービーはそのことがおもしろくありません。

ファラデーがある研究《けんきゅう》の論文《ろんぶん》を発表《はっぴょう》したとき、勝手《かって》に「この実験《じっけん》は、わたしが指示《しじ》してやらせたことで、こういう結果《けっか》になることはわたしは最初《さいしょ》からわかっていた」という文章《ぶんしょう》をかき加《くわ》えました。セコイ男《おとこ》ですね。

まだあります。デービーは王立協会《おうりつきょうかい》という科学《かがく》者《しゃ》の会《かい》のメンバーでした。新《あたら》しいメンバーをきめるときは、投票《とうひょう》できめることになっていました。ファラデーを新《しん》メンバーにするかどうかきめるとき、ほかの人《ひと》は全員賛成《ぜんいんさんせい》したのに、なんとデービーだけが反対《はんたい》の投票《とうひょう》をしたのです。

こうした意地悪《いじわる》にも負《ま》けずファラデーは立派《りっぱ》な科学者《かがくしゃ》になり、デービーはファラデーの先生《せんせい》だったといまではみんなが思《おも》っています。

実験《じっけん》してみよう ★☆☆

ライターの火《ひ》は網《あみ》を通《とお》るかな？

モノが燃《も》えるのは、燃《も》えるモノ、温度《おんど》（熱源《ねつげん》）、酸素《さんそ》の3つの条件《じょうけん》がそろったとき。網《あみ》は火《ひ》の熱《ねつ》を吸収《きゅうしゅう》するので、網《あみ》の部分《ぶぶん》は温度《おんど》が低《ひく》くなる。だから着火《ちゃっか》ライターの火《ひ》を網《あみ》に近《ちか》づけても反対側《はんたいがわ》は火《ひ》がつかないんだ。

材料《ざいりょう》 鉄《てつ》やステンレスの目《め》のこまかい網《あみ》、着火《ちゃっか》ライター

実験《じっけん》のしかた

❶ 網《あみ》からはなして着火《ちゃっか》ライターの火《ひ》をつけ、少《すこ》しずつ網《あみ》を火《ひ》に近《ちか》づける。

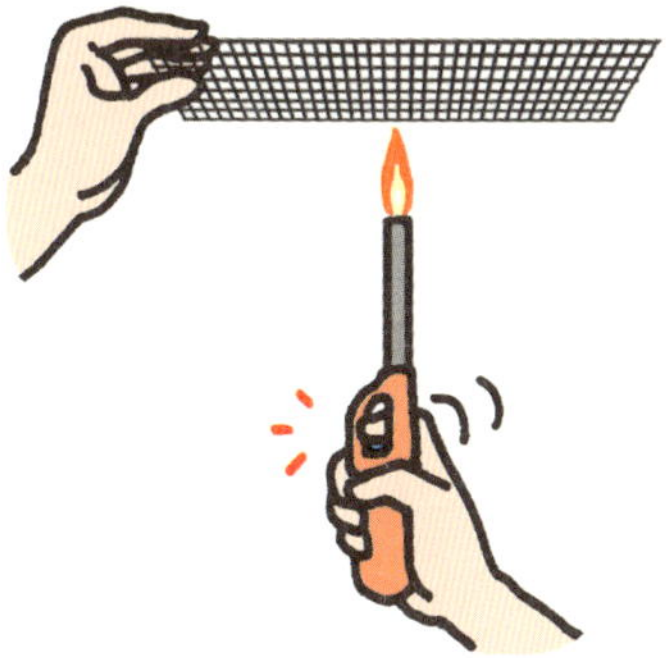

◆火《ひ》を見《み》てみよう
網《あみ》が火《ひ》のなかに入《はい》ると、網《あみ》から上《うえ》の火《ひ》は消《き》えてしまうね。

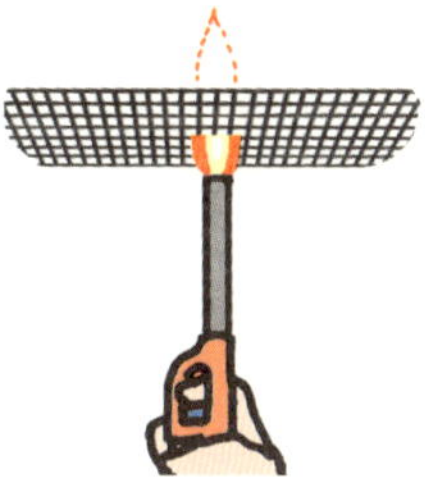

注意《ちゅうい》 着火《ちゃっか》ライターはおとなといっしょに使《つか》ってください。

この実験《じっけん》は、デービーが網《あみ》を使《つか》ってつくった「デービー灯《とう》」というランプのりくつと同《おな》じ。昔《むかし》は、炭鉱《たんこう》のなかにガスがたまって爆発《ばくはつ》する事故《じこ》が多《おお》かったんだけど、デービー灯《とう》のおかげでガスに火《ひ》がつかず、事故《じこ》が減《へ》ったんだそうだよ。

マイケル・ファラデー

実験《じっけん》の天才《てんさい》は子《こ》どもたちにも大人気《だいにんき》

ファラデーは、一生《いっしょう》ふつうの人《ひと》でいようとした天才《てんさい》です。読《よ》みかきと算数《さんすう》を習《なら》っただけで、近所《きんじょ》の製本所《せいほんじょ》で働《はたら》き始《はじ》めました。ここで、製本《せいほん》するためにまわってきた科学《かがく》の本《ほん》を読《よ》みあさり、かいてあることを自分《じぶん》でも実験《じっけん》しました。あるとき98ページで登場《とうじょう》したデービーの講演会《こうえんかい》のチケットをお客《きゃく》さんからもらいました。これが「運命《うんめい》の出会《であ》い」に。デービーの講演《こうえん》を聞《き》いてファラデーは大感激《だいかんげき》。講演内容《こうえんないよう》をていねいにまとめたノートといっしょ

プロフィール

●生没年《せいぼつねん》　1791～1867年《ねん》

●生誕地《せいたんち》　イギリス

●かじ職人《しょくにん》の息子《むすこ》として生《う》まれる。製《せい》本所《ほんじょ》で見習《みなら》いをしながら科学《かがく》の本《ほん》を読《よ》んで勉強《べんきょう》。あるとき、ハンフリー・デービーの話《はなし》を聞《き》いて科学者《かがくしゃ》を志《こころざ》す。

に「弟子《でし》にしてください」という手紙《てがみ》をデービーに送《おく》りました。

そのときはことわられたのですが、あとで王立《おうりつ》研究所《けんきゅうじょ》の実験助手《じっけんじょしゅ》がいなくなったため、デービーがファラデーをすいせんしてくれました。その後《ご》、デービーの実験助手《じっけんじょしゅ》になって手伝《てつだ》うようになります。デービーはファラデーのことを単《たん》なる雑用《ざつよう》係《がかり》としてこき使《つか》いましたが、ファラデーは実験《じっけん》のアイデアをどんどん思《おも》いつく、実験《じっけん》の天才《てんさい》でした。

ファラデーは電気《でんき》と磁気《じき》の関係《かんけい》について研究《けんきゅう》しました。コイル（導線《どうせん》をぐるぐるまいたもの）に電《でん》気《き》が流《なが》れると磁力《じりょく》が発生《はっせい》します。その磁力《じりょく》は磁石《じしゃく》と反発《はんぱつ》し合《あ》ったり引《ひ》き合《あ》ったりします。その反発《はんぱつ》したり引《ひ》き合《あ》ったりする力《ちから》を利用《りよう》して（モーターができ）、いろいろなものを動《うご》かすことができるようになりました。つまり電気《でんき》を動力《どうりょく》に変《か》えたのです。掃除機《そうじき》や洗《せん》たく機《き》のしくみですね。

ファラデーは後《のち》に、王立研究所《おうりつけんきゅうじょ》の教授《きょうじゅ》になりましたが、研究所《けんきゅうじょ》はお金《かね》がたりなかったので、毎週《まいしゅう》金曜日《きんようび》に講演会《こうえんかい》をして、研究所《けんきゅうじょ》のためにお金《かね》をかせぎました。クリスマス期間《きかん》に子《こ》どもたち向《む》けにおこなった講演《こうえん》は大人気《だいにんき》で、『ロウソクの科学《かがく》』という本《ほん》になっていまでも読《よ》まれています。

ファラデーはぜいたくもせず、ずっと長《なが》いあいだ王立研究所《おうりつけんきゅうじょ》の屋根裏部屋《やねうらべや》に住《す》んでいたそうです。ひかえめな人《ひと》で、王立研究所《おうりつけんきゅうじょ》の所長《しょちょう》にすいせんされてもことわりました。ナイトの称号《しょうごう》もあげようといわれましたが、これもことわりました。

死《し》ぬ前《まえ》に、「わたしは最後《さいご》までただのマイケル・ファラデーでいたい」といったそうです。

宇田川榕菴《うだがわようあん》

日本《にほん》になかった化学《かがく》の言葉《ことば》をつくった

「珈琲《コーヒー》」とかいてある缶《かん》やペットボトルのコーヒーを見《み》たことはありませんか。あれは江戸時代《えどじだい》に、榕菴《ようあん》が考《かんが》えた当《あ》て字《じ》です。

榕菴《ようあん》は名前《なまえ》をつけるのがとても上手《じょうず》な人《ひと》でした。この本《ほん》にもよく出《で》てくる**「酸素《さんそ》」「ちっ素《そ》」「炭素《たんそ》」「水素《すいそ》」という元素《げんそ》の名前《なまえ》や、鉄《てつ》がさびてしまうときの「酸化《さんか》」という言葉《ことば》をつくったのも榕菴《ようあん》です。**

ほかに、「結晶《けっしょう》」「温度《おんど》」もつくっています。

榕菴《ようあん》の最初《さいしょ》の化学《かがく》にかんする論文《ろんぶん》のテーマは下《げ》

じょうき
蒸気
こーひー
珈琲
けっしょう
結晶
きんぞく
金属

プロフィール

- 生没年《せいぼつねん》　1798〜1846年《ねん》
- 生誕地《せいたんち》　日本《にほん》
- 13才《さい》のときに江沢家《えざわけ》から宇田川家《うだがわけ》の子《こ》どもになり、漢方医学《かんぽういがく》や植物学《しょくぶつがく》を学《まな》ぶ。全国各地《ぜんこくかくち》の温泉《おんせん》を分析《ぶんせき》したレポートもかいている。

剤《ざい》、つまりうんちを出《だ》しやすくする薬《くすり》についてでした。便秘《べんぴ》を治《なお》す薬《くすり》として、当時《とうじ》のヨーロッパでは「エプソム塩《えん》」というものが使《つか》われていました。いっぽう、日本《にほん》には「凝水石《ぎょうすいせき》」という名前《なまえ》の薬《くすり》がありました。榕菴《ようあん》は、エプソム塩《えん》と凝水石《ぎょうすいせき》は同《おな》じものではないかと思《おも》い、オランダ、中国《ちゅうごく》、日本《にほん》の古《ふる》い医学書《いがくしょ》の内容《ないよう》をくわしく調《しら》べて比《くら》べ、自分《じぶん》でもなめてみたり、くだいてみたりして、ついにこの2つが同《おな》じものであることをつきとめました。

榕菴《ようあん》はこのことがよほどうれしかったようで、自分《じぶん》の学問《がくもん》の先生《せんせい》でもあったお父《とう》さん（榕菴《ようあん》は養《よう》子《し》でした）に、「踊《おど》りくるうくらい興奮《こうふん》して、研究《けんきゅう》結果《けっか》を先生《せんせい》に報告《ほうこく》した」とかき残《のこ》しています。さらに30年後《ねんご》にも、「お父《とう》さんもむちゃくちゃ喜《よろこ》んでくれた」とかいています。

榕菴《ようあん》はもっとすごい仕事《しごと》もしていて、『舎密開《せいみかい》宗《そう》』というお経《きょう》のようなタイトルの本《ほん》を残《のこ》しています。これは**オランダ語《ご》の化学書《かがくしょ》や参考書《さんこうしょ》を翻訳《ほんやく》し、さらに自分《じぶん》でも実験《じっけん》して、もっとよい実験《じっけん》方法《ほうほう》をかき加《くわ》えた日本《にほん》で最初《さいしょ》の化学書《かがくしょ》です。**全部《ぜんぶ》で1100ページもある、ボリュームたっぷりの本《ほん》。この本《ほん》のなかに、酸素《さんそ》やちっ素《そ》といった化学《かがく》の言葉《ことば》が出《で》てきます。48才《さい》で亡《な》くなるまで、ほぼ10年《ねん》もかけてつくった力作《りきさく》です。ところで、「舎《せい》密《み》」とはオランダ語《ご》の「セイミ」からきていて、化学《かがく》という意味《いみ》です。

たくさんの本《ほん》をかいていますね。

『舎密開宗《せいみかいそう》』はラボアジエの本《ほん》も参考《さんこう》にしておるぞ。

チャールズ・ダーウィン

ダメ男《お》くんが考《かんが》えた生《い》き物《もの》の枝《えだ》わかれ

ずっと虫《むし》をつかまえたり、観察《かんさつ》したりできればいいなぁ。勉強《べんきょう》なんかしたくない。

ダーウィンはけっこうなダメ男《お》くんだったようです。この本《ほん》に登場《とうじょう》する科学者《かがくしゃ》たちは、だいたいが勉強大好《べんきょうだいす》きですが、ダーウィンが好《す》きなのは野《の》山《やま》を歩《ある》いたり、虫《むし》や鳥《とり》をとったりすること。勉強《べんきょう》はたいしてできませんでした。

ダーウィンはお父《とう》さんのすすめで最初《さいしょ》は大学《だいがく》の医学部《いがくぶ》に入《はい》りましたが、血《ち》を見《み》るのがダメで、と

プロフィール

●生没年《せいぼつねん》　1809～1882年《ねん》
●生誕地《せいたんち》　イギリス
●植物《しょくぶつ》や昆虫《こんちゅう》が大好《だいす》きだったので、医師《いし》である父親《ちちおや》からは落《お》ちこぼれといわれていた。後《のち》に測量船《そくりょうせん》ビーグル号《ごう》に乗《の》り、ガラパゴス諸島《しょとう》などで未知《みち》の動物《どうぶつ》を観察《かんさつ》する。

ダーウィンも天国《てんごく》でびっくりしてるよ

いうより虫《むし》や鳥《とり》のことが頭《あたま》からはなれず、2年《ねん》ほどで中退《ちゅうたい》。おこったお父《とう》さんは、今度《こんど》はケンブリッジ大学《だいがく》でキリスト教《きょう》について考《かんが》える「神学《しんがく》」を勉強《べんきょう》させることにしました。超《ちょう》ラッキーとはこのことです。ダーウィンは大学《だいがく》で、植物学《しょくぶつがく》や動物学《どうぶつがく》の先生《せんせい》としたしくなれたのです。

とくに植物学《しょくぶつがく》のジョン・ヘンズロー先生《せんせい》としたしくなったことが、その後《ご》の人生《じんせい》を変《か》えました。卒業《そつぎょう》して1年《ねん》もたたないうちに、先生《せんせい》のすすめもあって、海軍《かいぐん》の測量船《そくりょうせん》「ビーグル号《ごう》」に乗《の》って、ガラパゴス諸島《しょとう》などいろいろな土地《とち》をまわるチャンスにめぐまれたのです。

ダーウィンはビーグル号《ごう》の探検《たんけん》で、気温《きおん》や地形《ちけい》などのちがいによって、そこに生《は》える植物《しょくぶつ》や生《い》きる動物《どうぶつ》が少《すこ》しずつちがうことに気《き》づきました。生《い》き物《もの》は、最初《さいしょ》からいまの形《かたち》だったのではなく、その地域《ちいき》で生《い》きやすい形《かたち》のものが生《い》きのこり、枝《えだ》わかれしていまの形《かたち》になったのではないかと思《おも》うようになりました。これを「進化論《しんかろん》」といいます。

「人間《にんげん》とサルはもとはいっしょ」そんなこといったらおこられる

進化論《しんかろん》を考《かんが》えた人《ひと》は前《まえ》にもいたのですが、ダーウィンは、航海《こうかい》のときにたくさんの化石《かせき》をあつめたり、動植物《どうしょくぶつ》の様子《ようす》を記録《きろく》したり、地面《じめん》をほって土《つち》の種類《しゅるい》のちがいを見《み》て調《しら》べたりしていたので、思《おも》いつきだけでなく、たくさんの証拠《しょうこ》をもとに、『種《しゅ》の起源《きげん》』という本《ほん》をかいて科学的《かがくてき》に自分《じぶん》の考《かんが》えをうったえました。

ダーウィンの考《かんが》えだと、人間《にんげん》とサルはもとは同《おな》じだったということになります。しかし、イギリスなどこのころのヨーロッパでキリスト教《きょう》を信《しん》じる人《ひと》たちは、神《かみ》さまがつくった人間《にんげん》は世界《せかい》が始《はじ》まったときから、いまのわたしたちと同《おな》じ形《かたち》と同《おな》じ心《こころ》、知恵《ちえ》をもっていたと信《しん》じていました。

これに対《たい》してダーウィンは、「いや、ちがう」と考《かんが》えたわけです。

キリスト教《きょう》を信《しん》じている人《ひと》たちからは、自分《じぶん》とサルが同《おな》じだなんてとても受《う》けいれられない、それに神《かみ》さまに対《たい》して大変無礼《たいへんぶれい》だ、とおこられることは目《め》に見《み》えていました。そのためダーウィンは、

長《なが》いあいだこの説《せつ》を発表《はっぴょう》しませんでした。『種《しゅ》の起源《きげん》』を出《だ》したときには、案《あん》の定《じょう》キリスト教《きょう》の信者《しんじゃ》や教会《きょうかい》からは大《だい》ブーイングを受《う》け、コテンパンに。しかし、この本《ほん》は科学者《かがくしゃ》たちのあいだでとても評判《ひょうばん》になりました。

ダーウィンは28才《さい》のときから、**44年間《ねんかん》もミミズのうんちを観察《かんさつ》して、ミミズの動《うご》きを研究《けんきゅう》し続《つづ》けました。**最後《さいご》にかいた論文《ろんぶん》は、ミミズは土地《とち》をたがやして人間《にんげん》の役《やく》に立《た》っていることを発見《はっけん》したという内容《ないよう》でした。

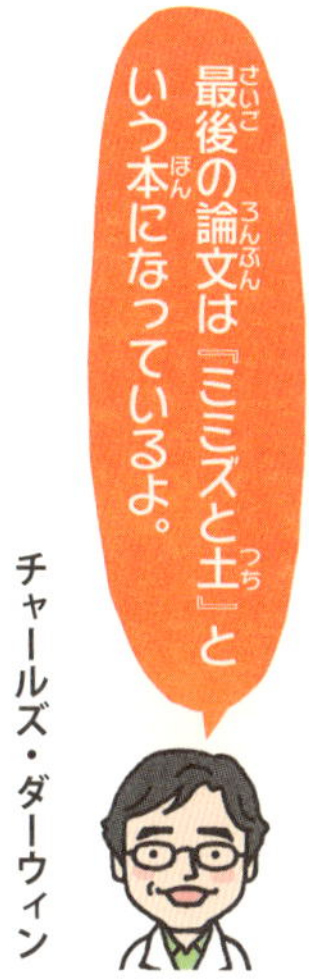
最後《さいご》の論文《ろんぶん》は『ミミズと土《つち》』という本《ほん》になっているよ。
チャールズ・ダーウィン

ジェームズ・ジュール

全財産《ぜんざいさん》を実験《じっけん》につぎこんじゃった

何度《なんど》け落《お》とされてもはい上《あ》がるガッツのある男《おとこ》、ジュール。ジュールは、古《ふる》くからお酒《さけ》をつくっている家《いえ》の次男《じなん》として生《う》まれました。お金持《かねも》ちだったので学校《がっこう》には行《い》かず、家庭教師《かていきょうし》に勉強《べんきょう》を教《おそ》わっていました。92ページに出《で》てくる有名《ゆうめい》な科学者《かがくしゃ》ドルトンにも科学《かがく》を教《おし》えてもらっています。大学《だいがく》には進学《しんがく》せず、19才《さい》になると自分《じぶん》の家《いえ》に実験室《じっけんしつ》をつくり、そこで実験《じっけん》を始《はじ》めました。

ジュールは熱《ねつ》とエネルギーにかんする研究《けんきゅう》をし

プロフィール

- 生没年《せいぼつねん》　1818〜1889年《ねん》
- 生誕地《せいたんち》　イギリス
- お金持《かねも》ちの酒《さけ》づくりの家《いえ》に生《う》まれる。病気《びょうき》がちで、学校《がっこう》には行《い》かずに家庭教《かていきょう》師《し》に勉強《べんきょう》を教《おそ》わる。エネルギーの単位《たんい》に「ジュール」があるが、これはジュールの名前《なまえ》からつけられた。

て論文《ろんぶん》をかきましたが、学者《がくしゃ》ではないので、「なんだ、酒屋《さかや》のこせがれが」っていうような感《かん》じで、どの科学雑誌《かがくざっし》ものせてくれませんでした。

しかたがないので、ジュールはアマチュアでも論文《ろんぶん》を発表《はっぴょう》できる大英学術協会《だいえいがくじゅつきょうかい》の講演《こうえん》でその論文《ろんぶん》を発表《はっぴょう》することに。ここで幸運《こううん》の女神《めがみ》がほほえみました。ウィリアム・トムソンという若《わか》い大学《だいがく》の先生《せんせい》が「いっしょに研究《けんきゅう》しよう」と手《て》をあげてくれたのです。このトムソンは10才《さい》で正式《せいしき》にグラスゴー大学《だいがく》に入《はい》ったという、超《ちょう》がつく天才《てんさい》。

ここから、ジュールの人生《じんせい》は変《か》わります。トムソンがみとめたものだから、みんなも「そうなのかもね」とみとめるようになり、学会《がっかい》で発表《はっぴょう》できたり、王立協会《おうりつきょうかい》の会員《かいいん》になったりしました。

二人《ふたり》は、「ジュール＝トムソン効果《こうか》」という法《ほう》則《そく》を見《み》つけました。これはいま、クーラーや冷蔵《れいぞう》庫《こ》に使《つか》われている技術《ぎじゅつ》になっています。

ところで、ジュールはひかえめな性格《せいかく》だったのですが、実験《じっけん》となるととつぜん人《ひと》が変《か》わりました。実験中《じっけんちゅう》に銃《じゅう》で自分《じぶん》のまゆ毛《げ》を吹《ふ》き飛《と》ばしてしまったり、カミナリのなかでタコを飛《と》ばしたり、お手《て》伝《つだ》いさんに電気《でんき》のショックを与《あた》えたり……。

そんなジュールも、36才《さい》で奥《おく》さんを亡《な》くすといっぺんに元気《げんき》がなくなり、大好《だいす》きだった実験《じっけん》にも身《み》が入《はい》らなくなりました。お金《かね》もなくなってしまい、実験《じっけん》もできないありさまに。亡《な》くなる前《まえ》は貧《まず》しかったそうです。

実験好《じっけんず》きなジュールさんとは気《き》が合《あ》いそう！

ほどほどにな…

レオン・フーコー

しろうとのバカ力《ぢから》 地球《ちきゅう》の自転《じてん》を振《ふ》り子《こ》で証明《しょうめい》

地球《ちきゅう》の自転《じてん》を目《め》に見《み》える形《かたち》で証明《しょうめい》したフーコー。子《こ》どものころはとても病気《びょうき》がちで、学校《がっこう》に行《い》けないほど体《からだ》が弱《よわ》かったので、家庭教師《かていきょうし》に来《き》てもらって家《いえ》で勉強《べんきょう》していました。

最初《さいしょ》は医者《いしゃ》になろうとしましたが、血《ち》を見《み》るのがこわいのと体《からだ》が弱《よわ》いため断念《だんねん》。科学《かがく》に興味《きょうみ》をもち、自分《じぶん》で本《ほん》を読《よ》んだり、趣味《しゅみ》で実験《じっけん》したりして

プロフィール

●生没年《せいぼつねん》　1819～1868年《ねん》
●生誕地《せいたんち》　フランス
●医者《いしゃ》になりたかったけれど血《ち》がこわくてやめたといわれている。新聞《しんぶん》などに科学《かがく》の記事《きじ》をかきながら実験《じっけん》を続《つづ》けた。

フーコー、埼玉《さいたま》、名古屋《なごや》の共通点《きょうつうてん》って？

いました。ちょっとした引《ひ》きこもりですね。

ところが、有名《ゆうめい》なアルマン・フィゾーという物《ぶつ》理学者《りがくしゃ》と知《し》り合《あ》って、がぜん物理学《ぶつりがく》に興味《きょうみ》をもつようになりました。

26才《さい》のときには太陽表面《たいようひょうめん》の写真撮影《しゃしんさつえい》に成功《せいこう》。30才《さい》のときには光《ひかり》の速《はや》さをはかる装置《そうち》をつくって実《じっ》験《けん》し、成功《せいこう》させました。31才《さい》で**空気中《くうきちゅう》の光《ひかり》は水中《すいちゅう》より速《はや》く進《すす》むことを証明《しょうめい》。振《ふ》り子《こ》で地球《ちきゅう》の自転《じてん》を証明《しょうめい》したのは32才《さい》のときでした。**

自転《じてん》というのは、地球《ちきゅう》が北極《ほっきょく》と南極《なんきょく》を結《むす》ぶ軸《じく》を中心《ちゅうしん》に1日《にち》に1回《かい》グルッと回転《かいてん》することです。でも本当《ほんとう》にそうなのか。ふつうに暮《く》らしているとわからないですね。それをたしかめる方法《ほうほう》を、いまから170年《ねん》くらい前《まえ》にフーコーは考《かんが》えたのです。

地球《ちきゅう》がまわっていることは、フーコーよりもずっと前《まえ》の時代《じだい》からわかっていたのですが、だれも実《じっ》験《けん》したり証明《しょうめい》したりできていませんでした。「だったら、やってやろうじゃん！」、と思《おも》ったかどうかは定《さだ》かではありませんが、フーコーはそれを成功《せいこう》させました。

学者《がくしゃ》ではなかったからこそ考《かんが》えついた振《ふ》り子《こ》の動《うご》き

振《ふ》り子《こ》は外《そと》からなにも力《ちから》をかけなければ、ずっと同《おな》じ方向《ほうこう》に振《ふ》れ続《つづ》けるはず。でも地球《ちきゅう》が動《うご》いていたら、振《ふ》り子《こ》の振《ふ》れる向《む》きが変《か》わるように見《み》えるんじゃないか。フーコーは、パリのパンテオンという建物《たてもの》で長《なが》さ67メートル、重《おも》さ28キログラムのおもりを使《つか》って、つめかけた見物人《けんぶつにん》の前《まえ》でそれを見事《みごと》に証明《しょうめい》しました。

フーコーは物理学《ぶつりがく》の学者《がくしゃ》でもなんでもありません。ですから、パンテオンの実験《じっけん》を見《み》た研究者《けんきゅうしゃ》たちは、「そんなもん、とっくにだれかが考《かんが》えてるわい！」と思《おも》ったようです。でも、調《しら》べてもだれもやっていませんでした。学者《がくしゃ》ではなかったからこそのアイデアですね。

ところで、フーコーの振《ふ》り子《こ》は北半球《きたはんきゅう》では右回《みぎまわ》り、南半球《みなみはんきゅう》では左回《ひだりまわ》りになります。

この「フーコーの振《ふ》り子《こ》」の実験《じっけん》が見《み》たい人《ひと》は、国立科学博物館《こくりつかがくはくぶつかん》や名古屋市科学館《なごやしかがくかん》、姫路科学館《ひめじかがくかん》などの科学館《かがくかん》や博物館《はくぶつかん》に行《い》ってください。じっと見《み》ていると、時間《じかん》を忘《わす》れますよ。そしてたぶん、「これで地球《ちきゅう》の自転《じてん》がわかるんだぁ?!」、と不思議《ふしぎ》に思《おも》うはず。

フーコーさん、振《ふ》り子《こ》の実験《じっけん》装置《そうち》をつくるの大変《たいへん》だったでしょ?
ボク、子《こ》どものころから手先《てさき》が器用《きよう》だったんだ。
なるほど。器用《きよう》さも才能《さいのう》のうちってことね！

レオン・フーコー

グレゴール・ヨハン・メンデル

おじいちゃんににているのにはわけがある

「おじいちゃんにそっくり！」といわれたことはありませんか。それは、メンデルが見《み》つけた「メンデルの法則《ほうそく》」で説明《せつめい》できます。**メンデルは遺伝《いでん》の法則《ほうそく》をえんどう豆《まめ》で解《と》き明《あ》かした生物学者《せいぶつがくしゃ》です。**

メンデルは貧《まず》しい農家《のうか》に生《う》まれたため、苦労《くろう》して勉強《べんきょう》し、成長《せいちょう》すると修道院《しゅうどういん》に入《はい》って、修道士《しゅうどうし》になりました。けれど、自分《じぶん》は修道士向《しゅうどうしむ》きじゃないと思《おも》っていたのでウィーン大学《だいがく》に留学《りゅうがく》。ここで物《ぶつ》理学《りがく》や生物学《せいぶつがく》を勉強《べんきょう》しました。２年間《ねんかん》の留学《りゅうがく》が終《お》

プロフィール

- 生没年《せいぼつねん》　1822～1884年《ねん》
- 生誕地《せいたんち》　オーストリア
- 修道院《しゅうどういん》に入《はい》り、修道士《しゅうどうし》になる。その後《ご》、ウィーン大学《だいがく》で勉強《べんきょう》。地元《じもと》に帰《かえ》ると実験《じっけん》を始《はじ》め、7年《ねん》ほど続《つづ》けた。

わったら30才《さい》をこえていたので、修道院《しゅうどういん》にもどり先生《せんせい》として自然科学《しぜんかがく》を教《おし》えることにしました。

でも、むちゃくちゃヒマでした（たぶん）。そこで、修道院《しゅうどういん》の庭《にわ》の片《かた》すみに、えんどう豆《まめ》を植《う》えました。種《たね》の形《かたち》が丸《まる》いのや、とんがっているのや、さやの色《いろ》が黄色《きいろ》っぽいもの、緑色《みどりいろ》のものなど34種《しゅ》類《るい》のえんどう豆《まめ》を用意《ようい》して、種類《しゅるい》のちがうものをかけ合《あ》わせて、どんな形《かたち》のえんどう豆《まめ》が出《で》てくるかを調《しら》べる研究《けんきゅう》を7年間《ねんかん》も根気《こんき》よく続《つづ》けたのです。このあいだに使《つか》ったえんどう豆《まめ》は1万株《まんかぶ》。

たとえば、黄色《きいろ》の豆《まめ》と緑色《みどりいろ》の豆《まめ》をかけ合《あ》わせたら黄色《きいろ》の豆《まめ》だけが収穫《しゅうかく》されたので、黄色《きいろ》を「優性《ゆうせい》」とよびました。次《つぎ》に、この新《あたら》しくできた黄色《きいろ》の豆《まめ》同士《どうし》をかけ合《あ》わせました。すると黄色《きいろ》と緑色《みどりいろ》の両《りょう》方《ほう》の豆《まめ》ができました。どうやら緑色《みどりいろ》は優性《ゆうせい》の黄色《きいろ》にかくれていたらしい。メンデルは、このかくれていたものを「劣性《れっせい》」とよびました。この結果《けっか》から、豆《まめ》は父《ちち》と母《はは》から1つずつ、2種類《しゅるい》の遺伝《いでん》の要素《ようそ》をもらっているとメンデルは考《かんが》えました。**黄色《きいろ》の豆《まめ》と緑色《みどりいろ》の豆《まめ》の子《こ》どもは黄色《きいろ》の豆《まめ》だけ。その黄色同《きいろどう》士《し》の子《こ》ども、つまり孫《まご》は緑色《みどりいろ》の豆《まめ》もある。**それがおじいちゃんにそっくりの秘密《ひみつ》です。

こうして、メンデルはえんどう豆《まめ》の遺伝《いでん》には全部《ぜんぶ》で3つの法則《ほうそく》があることを発見《はっけん》しました。でも、当時《とうじ》の学者《がくしゃ》には新《あたら》しすぎて、理解《りかい》できなかったようです。研究結果《けんきゅうけっか》を発表《はっぴょう》してから35年後《ねんご》、メンデルが亡《な》くなってから16年後《ねんご》にやっと、別《べつ》の学《がく》者《しゃ》たちがメンデルの法則《ほうそく》がすごいということを発《はっ》見《けん》して、世《よ》の中《なか》に紹介《しょうかい》してくれました。

ルイ・パスツール

ワクチンづくりは根性《こんじょう》だ やる気《き》こそエネルギー

大学《だいがく》の入学試験《にゅうがくしけん》に1回《かい》や2回《かい》おちたって、どうということはありません。やる気《き》しだいで世界中《せかいじゅう》の人《ひと》の役《やく》に立《た》つすばらしい人《ひと》になれます。

パスツールは16才《さい》のときにパリの高等師範学校《こうとうしはんがっこう》の試験《しけん》を受《う》けましたが不合格《ふごうかく》。ひたすら努力《どりょく》し、受《う》かったのは20才《さい》のときです。ただし、受《う》かったときの成績《せいせき》が22人中《にんちゅう》15番《ばん》だったのが気《き》に入《い》らなくて、翌年《よくねん》もう一度《いちど》受験《じゅけん》。4番《ばん》で合格《ごうかく》しました。

そのかいあって、学校《がっこう》に入《はい》って研究《けんきゅう》を始《はじ》めてか

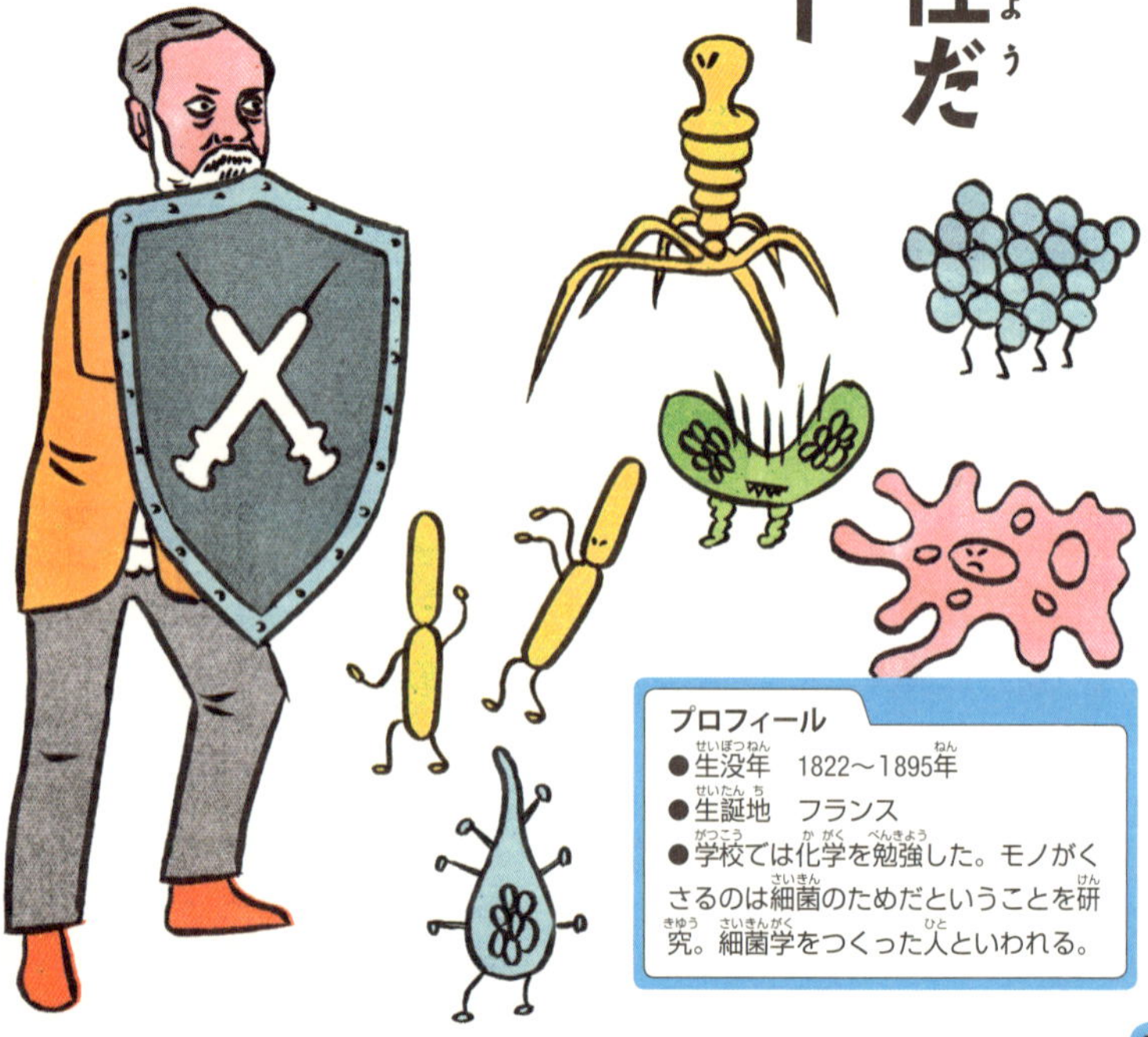

プロフィール

●生没年《せいぼつねん》　1822〜1895年《ねん》

●生誕地《せいたんち》　フランス

●学校《がっこう》では化学《かがく》を勉強《べんきょう》した。モノがくさるのは細菌《さいきん》のためだということを研《けん》究《きゅう》。細菌学《さいきんがく》をつくった人《ひと》といわれる。

パスツールにも役立《やくだ》ったかな？

らは、乳酸菌《にゅうさんきん》（ヨーグルトやキムチなどのなかに入《はい》っている体《からだ》によい菌《きん》）についてなど、いろいろな研究《けんきゅう》ですぐれた発見《はっけん》をしました。

一番《いちばん》の功績《こうせき》は、牛《うし》や馬《うま》などの動物《どうぶつ》がかかりやすいたんそ病《びょう》や狂犬病《きょうけんびょう》のワクチンをつくって、予防《よぼう》接種《せっしゅ》を世界《せかい》に広《ひろ》めたことです。予防接種《よぼうせっしゅ》は、病気《びょうき》になって死《し》んでしまうかもしれない事態《じたい》を防《ふせ》ぐのにとてもすぐれた方法《ほうほう》です。

気合《きあ》いだ、気合《きあ》いだ、気合《きあ》いだ！ 気《き》の毒《どく》なのはニワトリや羊《ひつじ》？

ニワトリの病気《びょうき》の研究《けんきゅう》をしていたパスツールは、天然《てんねん》とうという病気《びょうき》を防《ふせ》ぐ方法《ほうほう》を考《かんが》えたジェンナーという人《ひと》の研究《けんきゅう》ににた方法《ほうほう》で病気《びょうき》を予防《よぼう》できないかと考《かんが》えていました。ジェンナーの研究《けんきゅう》とは、一度《いちど》病気《びょうき》にかかると、もっと強《つよ》い菌《きん》が体《からだ》に入《はい》ってもそんなに具合《ぐあい》が悪《わる》くならない、というものです。

パスツールはニワトリの病気《びょうき》のもとになっている菌《きん》を育《そだ》てては実験《じっけん》をしていました。あるときパスツールは思《おも》いついて、古《ふる》くなった菌《きん》をニワトリに注射《ちゅうしゃ》してみました。いつもならすぐに死《し》んでしまうはずのニワトリが、このときはなぜかヨロッともしません。そんなバカなと思《おも》ったパスツールは、そのニワトリと新《あたら》しいニワトリに強《つよ》い菌《きん》を注射《ちゅうしゃ》しました。そうしたら、新《あたら》しいニワトリは死《し》んでしまったのに、前《まえ》に注射《ちゅうしゃ》をしていたニワトリは死《し》ななかったのです。パスツールは「やったー！」と飛《と》びはねたにちがいありません。

毒《どく》が弱《よわ》くなった菌《きん》（ワクチン）を、病気《びょうき》になる前《まえ》に打《う》てば、病気《びょうき》にかからないことを発見《はっけん》したパスツール。おみごとですが、このときすでに58才《さい》。当時《とうじ》なら、もうそろそろ引退《いんたい》という年《ねん》れいです。

なのに、パスツールはまだまだ気合《きあ》いでがんばります。今度《こんど》は、たんそ病《びょう》という病気《びょうき》のワクチンをつくりました。しかし、世《よ》の中《なか》にはなんにでもケチをつけたがる人《ひと》がいるものです。「そんなものは信用《しんよう》できない」という人《ひと》たちをギャフンといわせるために公開実験《こうかいじっけん》をすることにしました。

牧場《ぼくじょう》に50頭《とう》の羊《ひつじ》を集《あつ》め、半分《はんぶん》にたんそ菌《きん》のワクチンを注射《ちゅうしゃ》し、半分《はんぶん》にはなにもせず、2週間後《しゅうかんご》には、全部《ぜんぶ》の羊《ひつじ》にもっと強《つよ》い菌《きん》を注射《ちゅうしゃ》するという実験《じっけん》です。強《つよ》い菌《きん》を打《う》った3日後《かご》、ワクチンを打《う》っていなかった羊《ひつじ》たちはほぼすべて死《し》んでしまっていました。いっぽう、ワクチンを打《う》った羊《ひつじ》たちは元気《げんき》でした。公開実験大成功《こうかいじっけんだいせいこう》。パスツールの名前《なまえ》は世界中《せかいじゅう》に広《ひろ》まりました。

これでもまだパスツールのがんばりはおとろえません。今度《こんど》は狂犬病《きょうけんびょう》のワクチンをつくりました。本当《ほんとう》なら犬《いぬ》に打《う》つワクチンを、狂犬病《きょうけんびょう》にかかった犬《いぬ》にかまれた人《ひと》に打《う》ってもよいかどうか考《かんが》えていたパスツールのもとに、少年《しょうねん》ジョセフがあらわれました。ジョセフは狂犬病《きょうけんびょう》にかかった犬《いぬ》にかまれていたのです。このままでは死《し》んでしまうかもしれないジョセフに、パスツールはワクチンを打《う》ちました。これが人《ひと》に初《はじ》めて狂犬病《きょうけんびょう》のワクチンが注射《ちゅうしゃ》された日《ひ》です。

注射《ちゅうしゃ》の効果《こうか》がみとめられ、パスツールのすばらしい研究《けんきゅう》にお金《かね》が集《あつ》まってパスツール研究所《けんきゅうじょ》がフランスのパリにつくられています。

ルイ・パスツール

ジャン・アンリ・ファーブル

フンコロガシの観察《かんさつ》に夢中《むちゅう》

フンコロガシはカブトムシの仲間《なかま》です。この虫《むし》の食料《しょくりょう》は、牛《うし》や羊《ひつじ》など動物《どうぶつ》のうんちです。地面《じめん》におちているうんちを丸《まる》めて大《おお》きな玉《たま》にして、えっさえっさと転《ころ》がしながら、いっしょうけんめい運《はこ》びます。そして、ほかのフンコロガシにじゃまされない自分《じぶん》の巣《す》まで行《い》って地面《じめん》にうめると、ようやく食事《しょくじ》の時間《じかん》が始《はじ》まります。

この話《はなし》はファーブルの『昆虫記《こんちゅうき》』に出《で》てきます。

ファーブルは、さまざまな昆虫《こんちゅう》がどんなふうに生《せい》

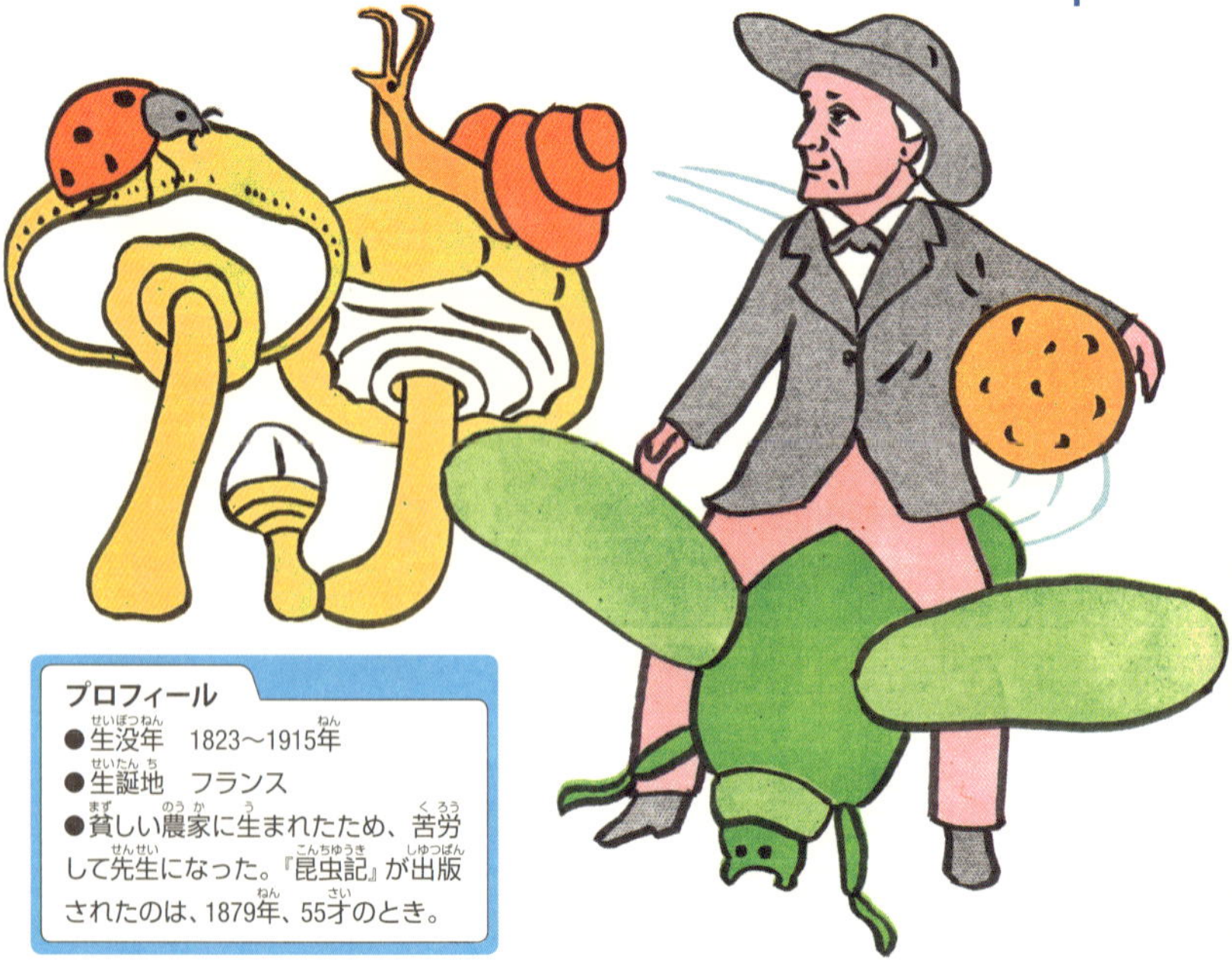

プロフィール

- 生没年《せいぼつねん》　1823～1915年《ねん》
- 生誕地《せいたんち》　フランス
- 貧《まず》しい農家《のうか》に生《う》まれたため、苦労《くろう》して先生《せんせい》になった。『昆虫記《こんちゅうき》』が出版《しゅっぱん》されたのは、1879年《ねん》、55才《さい》のとき。

“わざわい転《てん》じて福《ふく》となす”ってことかな?

活《かつ》したり、家族《かぞく》をつくったり、敵《てき》をこうげきしたり、エサをとったりするのかなどをこまかく観察《かんさつ》して、1879年《ねん》の出版《しゅっぱん》から約《やく》30年間《ねんかん》かけて、『昆《こん》虫記《ちゅうき》』10巻《かん》をまとめました。読《よ》み物《もの》としてもおもしろい本《ほん》なので、いまでも読《よ》まれています。

家族《かぞく》とはなれてひとりぼっちに

ファーブルは、あまり豊《ゆた》かではない家《いえ》に生《う》まれています。子《こ》どものころはおじいさんの家《いえ》にあずけられ、学校《がっこう》に行《い》くために7才《さい》で両親《りょうしん》のもとにもどります。勉強《べんきょう》がよくできたので中学校《ちゅうがっこう》に行《い》くことができましたが、両親《りょうしん》の仕事《しごと》がうまくいかず、14才《さい》からはフランス各地《かくち》を転々《てんてん》とし、肉体労働《にくたいろうどう》をしながら毎日《まいにち》の食料《しょくりょう》をえるような暮《く》らしでした。17才《さい》のときに師範学校《しはんがっこう》の試験《しけん》を受《う》けて一番《いちばん》で合格《ごうかく》。卒業後《そつぎょうご》も自分《じぶん》で数学《すうがく》や物理《ぶつり》の勉強《べんきょう》をして先生《せんせい》になりました。小学校《しょうがっこう》の先生《せんせい》をしているときに、子《こ》どもたちがハチの巣《す》から蜜《みつ》をとるのを見《み》て昆虫《こんちゅう》の生《せい》活《かつ》のしかたに興味《きょうみ》をもつようになりました。

21才《さい》で職場結婚《しょくばけっこん》をしましたが、その後《ご》は先生《せんせい》の職《しょく》を失《うしな》ったり、熱病《ねつびょう》にかかったり、息子《むすこ》を亡《な》くしたり、苦労《くろう》の多《おお》い人生《じんせい》でした。そのうえ、62才《さい》のときには奥《おく》さんまで亡《な》くしました。なんと、その2年後《ねんご》に再婚《さいこん》した若《わか》い奥《おく》さんも、90才《さい》のときに亡《な》くしています。

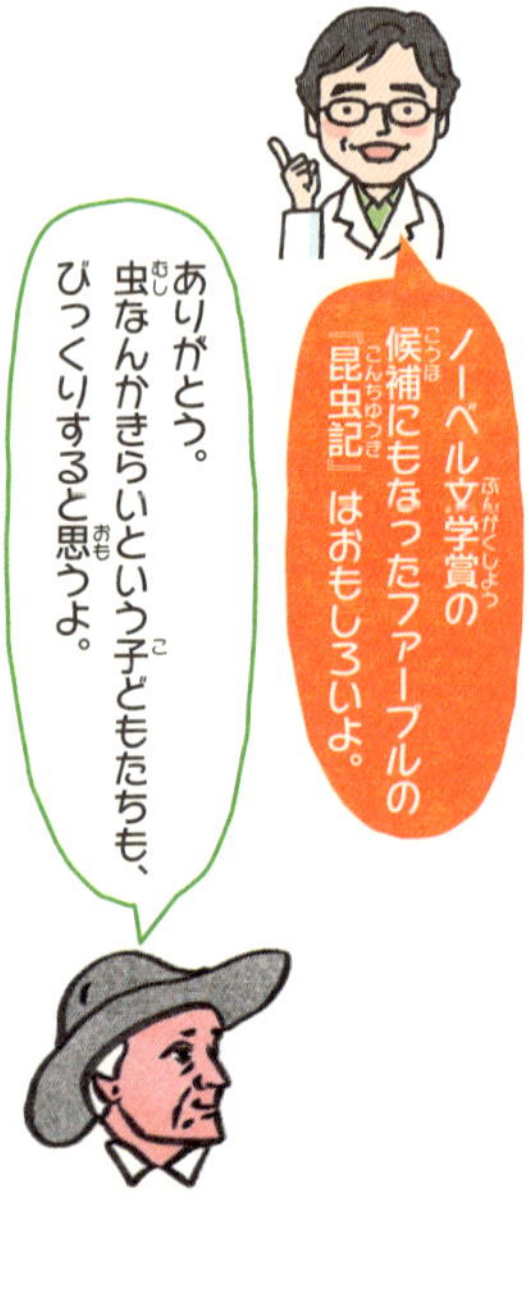
ノーベル文学賞《ぶんがくしょう》の候補《こうほ》にもなったファーブルの『昆虫記《こんちゅうき》』はおもしろいよ。
ありがとう。虫《むし》なんかきらいという子《こ》どもたちも、びっくりすると思《おも》うよ。

科学《かがく》ではなぜ式《しき》を使《つか》う？

算数《さんすう》で「1+1=2」みたいな式《しき》をならいます。科学《かがく》の研究《けんきゅう》でも、こういう式《しき》がたくさん出《で》てきます。なぜでしょうか。

みなさんは言葉《ことば》を使《つか》えるので、道《みち》でネコを見《み》たとか、今夜《こんや》は花火《はなび》大会《たいかい》があるということをかんたんに人《ひと》に伝《つた》えることができます。もし言葉《ことば》がなければ、絵《え》をかいたり、身《み》ぶりで伝《つた》えなければならないので、とても手間《てま》がかかります。

科学《かがく》も同《おな》じで、式《しき》は研究《けんきゅう》するときの「言葉《ことば》」みたいなもので、式《しき》を見《み》れば、だれもが同《おな》じ内《ない》容《よう》を再現《さいげん》できるのです。実験《じっけん》や研究《けんきゅう》のなかみを人《ひと》に伝《つた》えるのにたくさんの説明《せつめい》が必要《ひつよう》だったものが、式《しき》という言葉《ことば》をうまく使《つか》うことで、あとの時代《じだい》の人《ひと》や外国人《がいこくじん》どうしでも、研究《けんきゅう》の内容《ないよう》を伝《つた》えるのがとてもスムーズにいくようになったのです。それに実験《じっけん》できないことは式《しき》を組《く》み立《た》てて、推測《すいそく》することもできます。

こんなふうに式《しき》や数学《すうがく》は科学《かがく》の言葉《ことば》として役《やく》に立《た》っているんですよ。

アウグスト・ケクレ

うたた寝《ね》も役《やく》に立《た》つ ヘビの夢《ゆめ》なら超《ちょう》ラッキー

「果報《かほう》は寝《ね》てまて」（幸《しあわ》せは運《うん》しだい。自然《しぜん》にやってくる）という言葉《ことば》がありますが、ケクレはそれを地《じ》でいくラッキーな人《ひと》です。

ケクレはお父《とう》さんのすすめで、建築《けんちく》の勉強《べんきょう》のために大学《だいがく》に入《はい》ったのですが、化学《かがく》の授業《じゅぎょう》を聞《き》いて「これだ！」と感激《かんげき》し、化学《かがく》の道《みち》に進《すす》もうと決心《けっしん》しました。

さて、うたた寝《ね》をしてめちゃくちゃラッキーな夢《ゆめ》を最初《さいしょ》に見《み》たのは、ロンドンにいたときです。

プロフィール

- 生没年《せいぼつねん》　1829〜1896年《ねん》
- 生誕地《せいたんち》　ドイツ
- 父親《ちちおや》は軍人《ぐんじん》で、ケクレには建築《けんちく》の道《みち》に進《すす》ませようとギーセン大学《だいがく》の建築科《けんちくか》に行《い》かせた。しかし、大学《だいがく》で化学《かがく》の授業《じゅぎょう》を受《う》けて感動《かんどう》し、化学《かがく》も勉強《べんきょう》するようになった。

ケクレは、モノをどんどんわけていったときに、それ以上《いじょう》わけられない粒《つぶ》である原子《げんし》のことを考《かんが》えながらバスに乗《の》りました。そこで、ついコックリ。すると、夢《ゆめ》のなかにたくさんの原子《げんし》が出《で》てきて、だんだんくっついて、ヘビのようにつながって、くねくねし始《はじ》めました。ケクレの頭《あたま》のなかでは「ピンポーン」と音《おと》がしたはず。この夢《ゆめ》をもとに**炭素《たんそ》や水素《すいそ》、酸素《さんそ》がどのようにつながっているかを明《あき》らかにしたのです。**

　2回目《かいめ》はベルギーにいたときです。このときはベンゼンという物質《ぶっしつ》の研究《けんきゅう》をしていました。ケクレは思《おも》うように実験《じっけん》が進《すす》まず、どうしたらいいかなと思《おも》いながら暖炉《だんろ》のそばにいました。するとまたまたうたた寝《ね》。今回《こんかい》もヘビが出《で》てきたのですが、このときは自分《じぶん》のしっぽをくわえてクルクルまわり始《はじ》めました。それで、ケクレはベンゼンはまっすぐつながっているのではなくて、輪《わ》っかみたいなつながり方《かた》をしているんじゃないかと思《おも》いつきました。ちなみに、ベンゼンは昔《むかし》はガソリンに使《つか》われ、いまは液体燃料《えきたいねんりょう》にも使《つか》われる物質《ぶっしつ》です。

　ふつうの人《ひと》なら、夢《ゆめ》からさめたとたんに忘《わす》れてしまうところですが、ケクレはさめたとたんに「ガッテンだ！」。ここがわたしたちとはちがいます。**いろいろな物質《ぶっしつ》の構造《こうぞう》を明《あき》らかにすることで有機化学《ゆうきかがく》という分野《ぶんや》に大《おお》きな影響《えいきょう》をおよぼしたケクレの夢《ゆめ》は、とても有名《ゆうめい》なエピソードです。**

夢《ゆめ》なんて、おきたとたんに忘《わす》れます。

覚《おぼ》えているのも才能《さいのう》のうちじゃ。

ジェームズ・クラーク・マクスウェル

さえない男《おとこ》の子《こ》がつくった科学《かがく》の共通語《きょうつうご》

マクスウェルは子《こ》どものころ、友《とも》だちから「変《へん》人《じん》」とよばれていました。学校《がっこう》が近《ちか》くになくて、お母《かあ》さんに勉強《べんきょう》を教《おし》えてもらっていましたが、8才《さい》のときにお母《かあ》さんが亡《な》くなってしまい、家庭教《かていきょう》師《し》がつくことになりました。ところが、この家庭《かてい》教師《きょうし》がとんでもない人《ひと》で、2年《ねん》にわたってマクスウェルをたたいたりしかったりしてさんざんいじめました。その家庭教師《かていきょうし》がいなくなって、中学校《ちゅうがっこう》に通《かよ》うようになると、今度《こんど》はクラスの友《とも》だちから

プロフィール

- ●生没年《せいぼつねん》　1831～1879年《ねん》
- ●生誕地《せいたんち》　スコットランド
- ●8才《さい》のとき、それまで勉強《べんきょう》を教《おし》えてくれていた母親《ははおや》が亡《な》くなる。10才《さい》で中学《ちゅうがく》に入《はい》り、14才《さい》のとき最初《さいしょ》の論文《ろんぶん》をかいてみとめられ、大学《だいがく》への入学《にゅうがく》を許可《きょか》される。

"マジ、くやしい"ってあるよね

通《かよ》っていたケンブリッジ大学《だいがく》の卒業試験《そつぎょうしけん》の結果《けっか》が出《で》る日《ひ》
まぁ1番《ばん》はわたしだな
じゃあ2番《ばん》はだれだろう?
コンコン
マクスウェルは召使《めしつか》いに試験結果《しけんけっか》を見《み》てくるようたのみました
ジェームズさま試験結果《しけんけっか》を見《み》てまいりました
カチャ
そうかいで、2番《ばん》はだれだった?
あなたさまでございます
いやいやわたし1番《ばん》でしょ2番《ばん》はだれなの
あなたさまでございます
マジで!!
1番《ばん》はラウスさまです
このことがよほどくやしかったのかマクスウェルは数学《すうがく》のスミス賞《しょう》では頑張《がんば》って1番《ばん》をとることができましたなかなか負《ま》けずぎらいですね
高名な数学者ラウス—
ま、わたしも1番《ばん》だったけどね
それ、いまいう?
同窓生《どうそうせい》

バカとかまぬけとかよばれていじめにあうことに。同級生《どうきゅうせい》たちは「マクスウェルは、そぼくな感《かん》じで、すごく変《か》わっていた。みんな彼《かれ》をダサいやつといってからかっていた」といっています。成績《せいせき》もごくふつうだったようです。

そんなマクスウェルも、だんだんその才能《さいのう》が芽《め》を出《だ》し始《はじ》めます。14才《さい》のときにはお父《とう》さんといっしょに行《い》ったエディンバラ王立協会《おうりつきょうかい》の講演《こうえん》を聞《き》いたのをきっかけに、**卵型《たまごがた》の図《ず》をかくための方法《ほうほう》を考《かんが》えて、論文《ろんぶん》にしてしまいました。**とても14才《さい》とは思《おも》えないできだというので、王立協会《おうりつきょうかい》で読《よ》まれて、その才能《さいのう》が知《し》れわたることに。

16才《さい》になるとエディンバラ大学《だいがく》に入学《にゅうがく》。大学《だいがく》を卒業《そつぎょう》すると、今度《こんど》はケンブリッジ大学《だいがく》に入《はい》ってもっと勉強《べんきょう》し、卒業試験《そつぎょうしけん》は2番《ばん》。数学《すうがく》のスミス賞《しょう》という試験《しけん》では1番《ばん》でした。

ケンブリッジ大学《だいがく》を卒業《そつぎょう》すると、25才《さい》で早《はや》くもスコットランドのアバディーン大学《だいがく》の先生《せんせい》になりました。この大学《だいがく》にいるあいだに、**土星《どせい》の輪《わ》について研究《けんきゅう》し、土星《どせい》の輪《わ》が小《ちい》さな粒《つぶ》のあつまりであると発表《はっぴょう》。**1977年《ねん》にアメリカが打《う》ち上《あ》げた無人宇宙探査機《むじんうちゅうたんさき》が土星《どせい》の輪《わ》を撮影《さつえい》し、それが本当《ほんとう》であることを確認《かくにん》しています。

ほかの人《ひと》とちがうのは実験結果《じっけんけっか》を式《しき》であらわしたところ

マクスウェルはいろいろな分野《ぶんや》でたくさん研究《けんきゅう》をしました。光《ひかり》の研究《けんきゅう》、色《いろ》の研究《けんきゅう》、先《さき》ほどの土星《どせい》の輪《わ》の研究《けんきゅう》——なかでも、電気《でんき》と磁気《じき》に関《かん》する研究《けんきゅう》がもっとも有名《ゆうめい》です。102ページに出《で》てきたファラデーが残《のこ》した実験結果《じっけんけっか》から研究《けんきゅう》を進《すす》めて、「電磁気学《でんじきがく》」という新《あたら》しい分野《ぶんや》をつくり出《だ》しました。

その研究《けんきゅう》が164ページに出《で》てくるアインシュタインの研究《けんきゅう》にも役立《やくだ》っています。

マクスウェルの研究《けんきゅう》が進《すす》んでいたのは、ほかの科学者《かがくしゃ》にもすぐにわかるように、ファラデーの実《じっ》験結果《けんけっか》を上手《じょうず》に数学《すうがく》の式《しき》であらわしたことです。式《しき》は科学《かがく》の世界《せかい》の共通《きょうつう》語《ご》です。式《しき》にすることで、あとの人《ひと》はいちいち同《おな》じ実験《じっけん》をしなくても、前《まえ》の人《ひと》が研究《けんきゅう》したことを理解《りかい》することができて、研究《けんきゅう》がずっと楽《らく》になるのです。

けんきゅうが
しょうらい
こんなものに
やくだつよ。

マクスウェルは、70ページに出《で》てきたキャベンディッシュが残《のこ》した世《よ》の中《なか》に出《で》ていなかった研究《けんきゅう》結果《けっか》をチェックして、それが正《ただ》しいことも証明《しょうめい》しています。1874年《ねん》にはケンブリッジ大学《だいがく》にできた物理学《ぶつりがく》の研究所《けんきゅうじょ》、キャベンディッシュ研究所《けんきゅうじょ》の最初《さいしょ》の所長《しょちょう》になって、後輩《こうはい》の指導《しどう》にも力《ちから》をつくしました。

こんなにかつやくした人《ひと》なのに、えらそうにしたりせず、だれに対《たい》しても同《おな》じ態度《たいど》で接《せっ》していたそうです。残念《ざんねん》ながら、48才《さい》で病気《びょうき》で亡《な》くなりました。

マクスウェルは、ニュートン、アインシュタインと並《なら》ぶ科学界《かがくかい》のビッグスリーです。

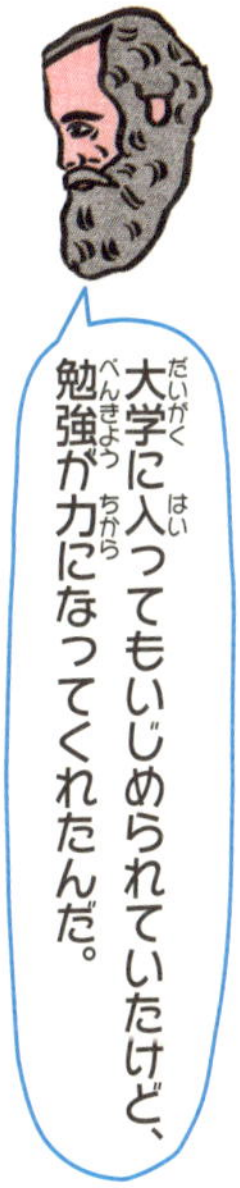
大学《だいがく》に入《はい》ってもいじめられていたけど、勉強《べんきょう》が力《ちから》になってくれたんだ。

ジェームズ・クラーク・マクスウェル

アルフレッド・ノーベル

ダイナマイトが売《う》れてノーベル賞《しょう》ができた

どうでもいいことに、「それはノーベル賞《しょう》ものだね」といっている日本人《にほんじん》のなんと多《おお》いことか。ノーベル賞《しょう》のためのお金《かね》を残《のこ》したノーベルは、なんでも吹《ふ》き飛《と》ばしてしまう力《ちから》をもつ、ダイナマイトという爆弾《ばくだん》を発明《はつめい》した科学者《かがくしゃ》であり、発明家《はつめいか》、実業家《じつぎょうか》です。

ノーベルが発明《はつめい》したダイナマイトは、ニトログリセリンという危険《きけん》な薬《くすり》をうまく使《つか》えるように工《く》夫《ふう》してありました。山《やま》を吹《ふ》き飛《と》ばすくらいの力《ちから》が

プロフィール

●生没年《せいぼつねん》　1833〜1896年《ねん》

●生誕地《せいたんち》　スウェーデン

●8人兄弟《きょうだい》の4男《なん》として生《う》まれる。学校《がっこう》にはほとんど行《い》かず何人《なんにん》もの家庭教師《かていきょうし》から勉強《べんきょう》を教《おそ》わった。本《ほん》を読《よ》むのが好《す》きで、小さいころから化学《かがく》にも興味《きょうみ》をもち、父親《ちちおや》から火薬《かやく》の知識《ちしき》をえていた。

弱《よわ》いところをつかれたね

あったので、最初《さいしょ》はトンネルをつくるときに使《つか》われ、産業《さんぎょう》が発展《はってん》するのにとても役立《やくだ》ったのですが、だんだんと兵器《へいき》としても使《つか》われるようになりました。しかもノーベルは積極的《せっきょくてき》に、あちこちの国《くに》に兵《へい》器《き》として売《う》りこんでいました。

「おそろしい破壊力《はかいりょく》をもった武器《ぶき》をつくりたい。もしも軍隊《ぐんたい》がいっしゅんで相手《あいて》を全滅《ぜんめつ》させられるような武器《ぶき》をもっていたら、どんな国《くに》も戦争《せんそう》をしたいと思《おも》わなくなるだろう」。ノーベルは最初《さいしょ》はそういう考《かんが》えだったのです。いまでいう抑止力《よくしりょく》ですね。

平和賞《へいわしょう》は女性《じょせい》の影響《えいきょう》かも？

ノーベルのお兄《にい》さんが亡《な》くなったとき、フランスの新聞《しんぶん》はまちがえて「死《し》の商人《しょうにん》、死《し》す」という記事《きじ》をのせました。これにショックを受《う》けたノーベルは、死《し》んだあとにこんないいかたをされてはたまらんと思《おも》い、自分《じぶん》が死《し》んだあとには全財産《ぜんざいさん》を世界《せかい》の人《ひと》に役立《やくだ》つ研究《けんきゅう》に使《つか》ってもらいたいと遺言《ゆいごん》をかきました。これがノーベル賞《しょう》になったのです。

ノーベル賞《しょう》には、化学《かがく》、物理学《ぶつりがく》、生理学《せいりがく》・医学《いがく》、文学《ぶんがく》、平和《へいわ》があり、68年後《ねんご》に経済学賞《けいざいがくしょう》が加《くわ》わりました。

ノーベルは女性《じょせい》と仲良《なかよ》くするのが苦手《にがて》でした。そこで、仕事《しごと》を手伝《てつだ》ってくれる女性《じょせい》を募集《ぼしゅう》しました。というより、婚活《こんかつ》ですね。5か国語《こくご》で広告《こうこく》を出《だ》したら、5か国語《こくご》で応募《おうぼ》してきたのがベルタ・キンスキーという女性《じょせい》です。ノーベルはキンスキーをとても気《き》に入《い》り、ひそかに結婚《けっこん》できればいいなと考《かんが》えました。ところが、キンスキーは「武器《ぶき》をすてましょう」という考《かんが》え方《かた》の平和主義者《へいわしゅぎしゃ》だったのです。ノーベルはキンスキーの考《かんが》え方《かた》に影響《えいきょう》を受《う》け、平和賞《へいわしょう》をもうけたといわれています。

いっぽうで、ノーベル賞《しょう》に数学賞《すうがくしょう》がないのは、ソフィア・コワレフスカヤという女性数学者《じょせいすうがくしゃ》に振《ふ》られたノーベルが、彼女《かのじょ》と親《した》しくて数学賞《すうがくしょう》があったら受賞《じゅしょう》するかもしれないミッタク＝レフラーに嫉妬《しっと》したためという説《せつ》があります。嫉妬《しっと》の力《ちから》おそるべし。結局《けっきょく》ノーベルは一生結婚《いっしょうけっこん》しませんでした。

知《し》ってた？

世界《せかい》は同時《どうじ》にいくつもある？

アニメやマンガでこんな話《はなし》を見《み》たことないですか。がけからおちて気《き》をうしない、目《め》がさめて家《いえ》に帰《かえ》ったら、知《し》らない人《ひと》が「あら、お帰《かえ》り」なんていっている。あれれ、と思《おも》っていたら、また気《き》をうしなって、今度《こんど》はアフリカのジャングルのなかにいた。こういう、なかみがちがうたくさんの世界《せかい》が同時《どうじ》に進行《しんこう》している状態《じょうたい》を「パラレルワールド」といいます。以前《いぜん》、「ドラえもん」でも、そんな話《はなし》がありました。

そんなことは物語《ものがたり》のなかのこと、想像《そうぞう》の世界《せかい》だとふつうは思《おも》いますが、「量子力学《りょうしりきがく》」という物《ぶつ》理《り》のむずかしい分野《ぶんや》では、宇宙《うちゅう》にはいくつものパラレルワールドがあり、それぞれが関係《かんけい》し合《あ》っているんじゃないかと、本気《ほんき》で考《かんが》えているのだそうです。ということは、昨日《きのう》見《み》た夢《ゆめ》のなかで、笑《わら》いながらライオンの頭《あたま》をなでていたのは、もしかしてもうひとりの自分《じぶん》が別《べつ》の世界《せかい》で本当《ほんとう》にやっていたことかもしれない！

ややこしい。でも、量子力学《りょうしりきがく》によってパラレルワールドが解明《かいめい》されれば、アニメなどの想像《そうぞう》の世界《せかい》が想像《そうぞう》ではなくて常識《じょうしき》になり、「つまんない話《はなし》だな」と思《おも》うようになるのかもしれません。

ドミトリ・メンデレーエフ

半日《はんにち》で元素《げんそ》の周期表《しゅうきひょう》ができちゃった

カードを並《なら》べていたら、たった半日《はんにち》でいままで謎《なぞ》だったことがすっきり解決《かいけつ》。こういう魔法《まほう》のようなことが科学《かがく》の世界《せかい》ではあるようです。

そのラッキーな人《ひと》がメンデレーエフ。

メンデレーエフは大学《だいがく》で学生《がくせい》に酸素《さんそ》や水素《すいそ》などの元素《げんそ》について教《おし》えていました。ところが、元素《げんそ》は60種類以上《しゅるいいじょう》もあるため、学生《がくせい》に理解《りかい》させるのは大変《たいへん》です。そこでいいことを考《かんが》えました。「トランプのようなカードをつくろう」。1枚《まい》ずつ、元《げん》

プロフィール

- 生没年《せいぼつねん》　1834～1907年《ねん》
- 生誕地《せいたんち》　ロシア
- 父親《ちちおや》は中学校《ちゅうがっこう》の先生《せんせい》で、その14番《ばん》目《め》の子《こ》どもとして生《う》まれる。サンクトペテルブルクの教育学校《きょういくがっこう》で勉強《べんきょう》し、1番《ばん》の成績《せいせき》で卒業《そつぎょう》した。

素《そ》の性質《せいしつ》や特徴《とくちょう》をかきこみ、その数《かず》や種類《しゅるい》を考《かんが》えてカードを縦《たて》と横《よこ》に並《なら》べていくと、あら不思議《ふしぎ》、元素《げんそ》の性質《せいしつ》や特徴《とくちょう》の関連《かんれん》がうまく説明《せつめい》できるではありませんか。これが「元素《げんそ》の周期表《しゅうきひょう》」です。

さっそく論文《ろんぶん》をかいて発表《はっぴょう》しましたが、メンデレーエフはロシアのいなかの出身《しゅっしん》だったので、フランスやイギリスの科学者《かがくしゃ》たちからバカにされ、ぜんぜん評価《ひょうか》してもらえませんでした。

ところが、メンデレーエフは「今後《こんご》、3つの元《げん》素《そ》が発見《はっけん》されるだろう」と予言《よげん》しました。周期表《しゅうきひょう》にはあいている場所《ばしょ》が3つあり、そこに入《はい》る元素《げんそ》が必ず発見《はっけん》されると確信《かくしん》していたのです。

そうして十数年後《じゅうすうねんご》、予言《よげん》した3つの元素《げんそ》が次々《つぎつぎ》に発見《はっけん》され、世《よ》の中《なか》の人《ひと》はみんなメンデレーエフのことをみとめるようになりました。発表《はっぴょう》した周《しゅう》期表《きひょう》の意味《いみ》もようやく理解《りかい》されるようになり、大《おお》勢《ぜい》の研究者《けんきゅうしゃ》がきそって研究《けんきゅう》するようになりました。

その後《ご》、イギリスの王立協会《おうりつきょうかい》や、フランスの学《がっ》会《かい》の会員《かいいん》に選《えら》ばれたり、イギリスのオックスフォード大学《だいがく》とケンブリッジ大学《だいがく》の博士《はくし》にもなりました。でも、生《う》まれ育《そだ》ったロシアでは、外国《がいこく》でかつやくするなんてけしからんと、自分《じぶん》の国《くに》の科学《かがく》の学会《がっかい》の会員《かいいん》にもしてもらえませんでした。ノーベル賞《しょう》も1票差《ぴょうさ》で受賞《じゅしょう》できず……。

でも、**いまでも多《おお》くの化学《かがく》の教科書《きょうかしょ》の最初《さいしょ》のページに、「元素《げんそ》の周期表《しゅうきひょう》」がのっています。**化学《かがく》の研究《けんきゅう》の基本《きほん》として変《か》わらず大切《たいせつ》にされ続《つづ》けているのです。

アイデアやひらめきが科学《かがく》を進化《しんか》させているね。

ウィルヘルム・レントゲン

骨《ほね》を写《うつ》せるエックス線《せん》写真館《しゃしんかん》まで登場《とうじょう》

「X JAPAN《エックスジャパン》」「Xデー」「X線《せん》」。Xには未知《みち》や未知数《みちすう》という意味《いみ》があります。X JAPAN《エックスジャパン》は無《む》限《げん》の可能性《かのうせい》をひめたバンド。Xデーは、近《ちか》い将来《しょうらい》大《おお》きなできごとがおこる日《ひ》。X線《せん》は未知《みち》の放射線《ほうしゃせん》。

エックス線《せん》を発見《はっけん》したのはレントゲンです。**エックス線《せん》は光《ひかり》の仲間《なかま》ですが、目《め》に見《み》えない光《ひかり》で、モノを通《とお》りぬける力《ちから》がとても強《つよ》いという特徴《とくちょう》があります。**骨《ほね》が折《お》れたかどうか調《しら》べるときや、肺《はい》などの内臓《ないぞう》の具合《ぐあい》を見《み》るときに当《あ》てると、外《そと》からで

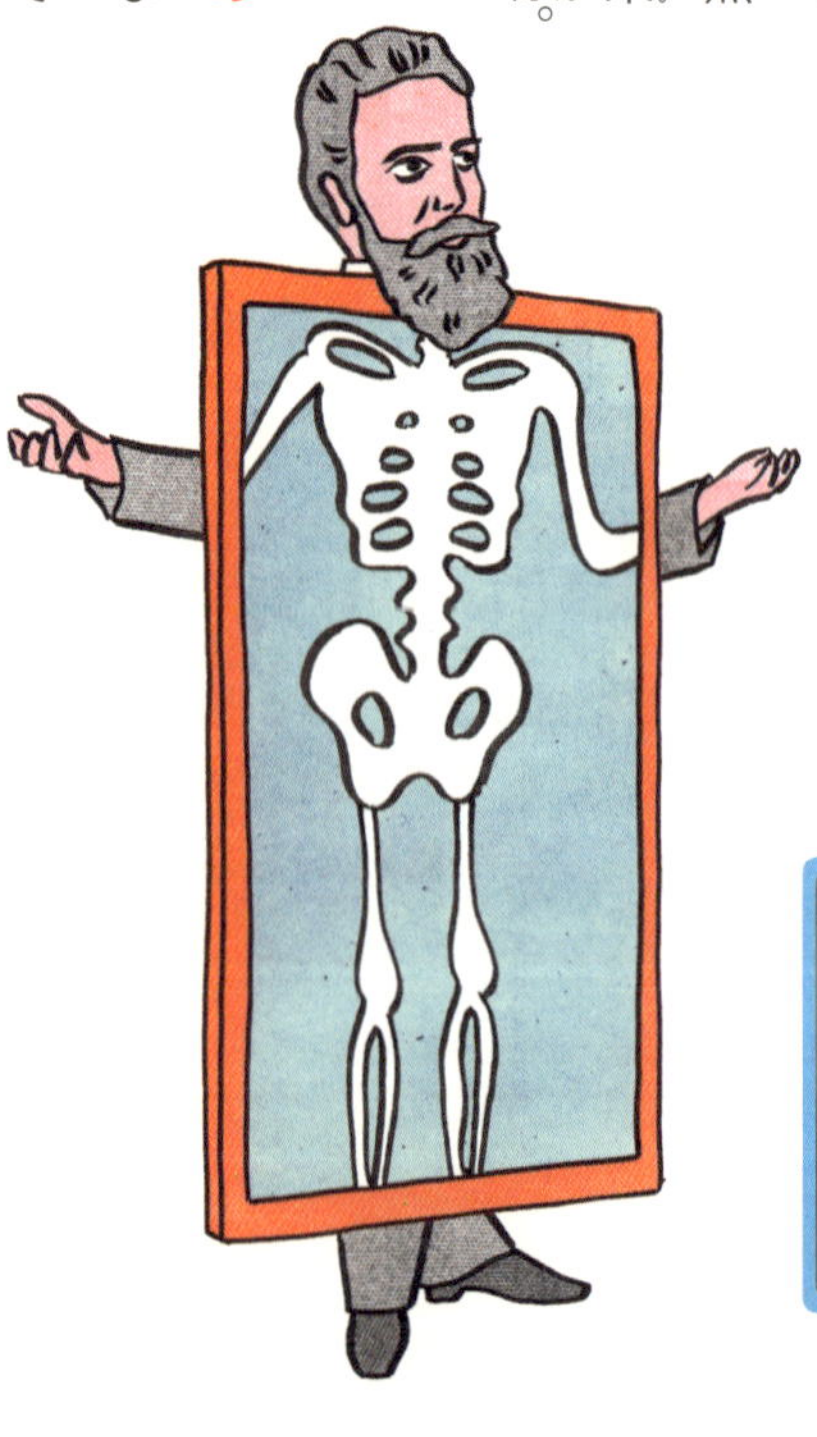

プロフィール

- 生没年《せいぼつねん》　1845～1923年《ねん》
- 生誕地《せいたんち》　ドイツ
- 3才《さい》のとき、レントゲンの家族《かぞく》はドイツからオランダに移《うつ》り住《す》んだ。スイスの大学《だいがく》で勉強《べんきょう》し、大学《だいがく》の先生《せんせい》になる。第《だい》1回《かい》ノーベル物理学賞《ぶつりがくしょう》を受賞《じゅしょう》している。

は見《み》えない体《からだ》のなかをバッチリ写《うつ》し出《だ》すことができます。骨《ほね》はカルシウムでできていて、ぎちぎちにつまっているためエックス線《せん》は通《とお》りぬけることができません。そのため白《しろ》く写《うつ》ります。筋肉《きんにく》や臓《ぞう》器《き》はエックス線《せん》が通《とお》りぬけやすいため黒《くろ》く写《うつ》ります。お医者《いしゃ》さんは、その写《うつ》り具合《ぐあい》を見《み》て、ケガや病気《びょうき》の状況《じょうきょう》を判断《はんだん》します。ふつうはエックス線《せん》とはいわず、レントゲン検査《けんさ》とかレントゲン写真《しゃしん》といいます。

　レントゲンは正義感《せいぎかん》が強《つよ》い人《ひと》だったようです。高校《こうこう》のとき、いたずらをしたクラスの友《とも》だちをかばったため、学校《がっこう》を退学《たいがく》させられてしまいました。そのせいで、高校《こうこう》を卒業《そつぎょう》していなくても行《い》けるスイスのチューリッヒ工科大学《こうかだいがく》に行《い》き、そこで出会《であ》った先生《せんせい》に才能《さいのう》をみとめられました。

　エックス線《せん》を見《み》つけた当初《とうしょ》、レントゲンがためしに奥《おく》さんの手《て》に15分間《ふんかん》エックス線《せん》を当《あ》ててみたところ、指《ゆび》の骨《ほね》と結婚指輪《けっこんゆびわ》の写真《しゃしん》がとれました。この論文《ろんぶん》は発表《はっぴょう》されると、またたく間《ま》に世界中《せかいじゅう》に広《ひろ》がりました。**手《て》のエックス線写真《せんしゃしん》をとることが流行《りゅうこう》し、写真館《しゃしんかん》までできたといいます。**

　もし、エックス線《せん》を発見《はっけん》したときにレントゲンが特許《とっきょ》をとっていたら、大金持《おおがねも》ちになっていたはずですが、レントゲンはけっしてもうけようとはしませんでした。それから1本論文《ぽんろんぶん》をかいただけで、エックス線《せん》の研究《けんきゅう》もやめてしまって、地味《じみ》にくらしたそうです。それでも、1901年《ねん》に第《だい》1回《かい》ノーベル物理学賞《ぶつりがくしょう》を受賞《じゅしょう》しています。

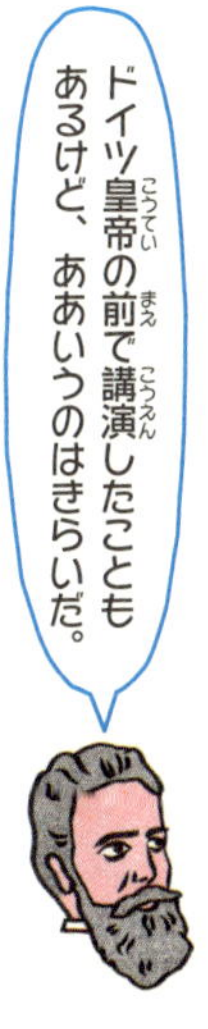
ドイツ皇帝《こうてい》の前《まえ》で講演《こうえん》したこともあるけど、ああいうのはきらいだ。

トーマス・エジソン

小学校《しょうがっこう》を退学《たいがく》して発明《はつめい》の王《おう》さまに

小学校《しょうがっこう》も卒業《そつぎょう》していないのに、ひとりで1000件《けん》以上《いじょう》も特許《とっきょ》をもっている人《ひと》はエジソンくらいでしょう。

小学校《しょうがっこう》に入学《にゅうがく》すると、「それはどうなってるの?」「どうしてそうなるの?」と授業《じゅぎょう》のあいだじゅうずっと先生《せんせい》を質問《しつもん》ぜめにしたので、「ほかの子《こ》どものめいわくになる」といわれ、退学《たいがく》させられるハメに。

それからはお母《かあ》さんに勉強《べんきょう》を教《おし》えてもらったり、

プロフィール

- 生没年《せいぼつねん》　1847～1931年《ねん》
- 生誕地《せいたんち》　アメリカ
- 7人兄弟《にんきょうだい》の末《すえ》っ子《こ》。好奇心《こうきしん》がありすぎて問題《もんだい》をおこすため小学校《しょうがっこう》を退学《たいがく》させられ、自宅《じたく》で母親《ははおや》から勉強《べんきょう》を教《おそ》わる。

忘《わす》れるほど集中《しゅうちゅう》するなんて、さすが！

自分《じぶん》でも本《ほん》を読《よ》んで勉強《べんきょう》しました。理科《りか》に興味《きょうみ》をもち、地下室《ちかしつ》でよく実験《じっけん》もしました。大《おお》きな実験《じっけん》をどんどんしたくなって、その費用《ひよう》をかせぐために、12才《さい》のとき、列車《れっしゃ》のなかで新聞《しんぶん》の売《う》り子《こ》を始《はじ》めました。そのうちに、列車《れっしゃ》のなかに勝手《かって》に実験《じっけん》室《しつ》をつくり、時間《じかん》があれば実験《じっけん》をするというあきれた行動《こうどう》に出《で》ます。あるとき、列車内《れっしゃない》の実験室《じっけんしつ》で火事《かじ》をおこして、車掌《しゃしょう》さんにこっぴどくおこられてしまいました。

いっぽうで、たまたま電車《でんしゃ》にひかれそうになった子《こ》どもを助《たす》けたところ、その子《こ》が駅長《えきちょう》の息子《むすこ》だったため、駅長《えきちょう》としたしくなって電信技術《でんしんぎじゅつ》（当時《とうじ》はモールス信号《しんごう》）を学《まな》ぶチャンスにめぐまれました。まだ15才《さい》でしたが、3か月《げつ》ほどでマスター。ここからが、発明家人生《はつめいかじんせい》の始《はじ》まりです。

口《くち》をきく機械《きかい》は腹話術《ふくわじゅつ》？

21才《さい》のときに最初《さいしょ》の特許《とっきょ》をとってから、エジソンは発明《はつめい》や機械《きかい》の改良《かいりょう》を休《やす》みなく続《つづ》けました。そのために優秀《ゆうしゅう》な人《ひと》を集《あつ》めて、研究所《けんきゅうじょ》や工場《こうじょう》もつくっています。エジソンの発明《はつめい》で有名《ゆうめい》なのは、音《おと》を録音《ろくおん》・再生《さいせい》する「蓄音機《ちくおんき》」です。エジソンが蓄音《ちくおん》機《き》の広告《こうこく》をある雑誌《ざっし》にのせたところ、「口《くち》をきく機械《きかい》」を見《み》たいと毎日何百人《まいにちなんびゃくにん》もの人《ひと》がエジソンの研究所《けんきゅうじょ》につめかけたそうです。

なかには、「腹話術《ふくわじゅつ》でもやってんじゃない？」とうたがっている人《ひと》もいました。でも、エジソンの実演《じつえん》を見《み》たらぐうの音《ね》も出《で》ませんでした。

原子《げんし》、分子《ぶんし》、元素《げんそ》。このちがいわかるかな？

この本《ほん》のなかに、原子《げんし》、分子《ぶんし》、元素《げんそ》という言《こと》葉《ば》が何回《なんかい》も出《で》てきて、どれがどれだかわからないと思《おも》った人《ひと》もいるでしょう。

原子《げんし》は、水《みず》でも酸素《さんそ》でも、世界《せかい》にあるすべてのモノをこれ以上《いじょう》小《ちい》さくできないところまで、どんどん小《ちい》さくしていったもの、つまりモノをつくっている一番小《いちばんちい》さな材料《ざいりょう》のことです。

金属《きんぞく》でない原子《げんし》がいくつか結合《けつごう》して安定《あんてい》したモノ。これが分子《ぶんし》です。分子《ぶんし》は、そのモノの性《せい》質《しつ》をもっている最小《さいしょう》の粒《つぶ》です。水《みず》なら、酸素《さんそ》原《げん》子《し》1個《こ》と水素《すいそ》原子《げんし》2個《こ》が手《て》をつないで、1つのまとまりになっています。

元素《げんそ》というのは、酸素《さんそ》とか水素《すいそ》とか、原子《げんし》の種類《しゅるい》の名前《なまえ》です。水《みず》は水素《すいそ》と酸素《さんそ》の2つの元素《げんそ》からできている、というように説明《せつめい》します。

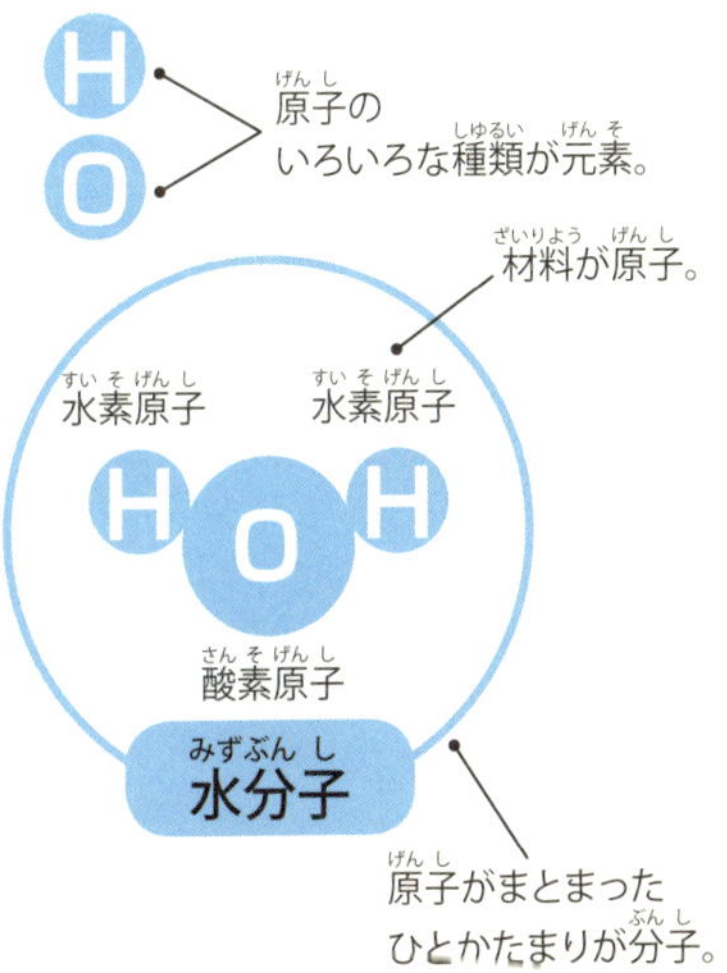
H
O
原子《げんし》のいろいろな種類《しゅるい》が元素《げんそ》。
材料《ざいりょう》が原子《げんし》。
水素原子《すいそげんし》
水素原子《すいそげんし》
H
O
H
酸素原子《さんそげんし》
水分子《みずぶんし》
原子《げんし》がまとまったひとかたまりが分子《ぶんし》。

ウィリアム・ラムゼー

4年《ねん》で5種類《しゅるい》も新《あたら》しい元素《げんそ》を発見《はっけん》

ラムゼーは、レイリーという人《ひと》と共同《きょうどう》で、**新《あたら》しい元素《げんそ》を4年間《ねんかん》で5種類《しゅるい》も発見《はっけん》しました。**

最初《さいしょ》に発見《はっけん》したのは、アルゴンという気体《きたい》です。ぜんぜん化学反応《かがくはんのう》をおこさないから、ギリシャ語《ご》で「なまけもの」を意味《いみ》するアルゴンにしたのだそうです。そのなまけものの仲間《なかま》が、ヘリウム、ネオン、キセノン、クリプトンという気体《きたい》です。なにか反応《はんのう》をおこしたり、ほかのものと結《むす》びつくと、それが実験《じっけん》の結果《けっか》になってあらわれますが、

プロフィール

- 生没年《せいぼつねん》　1852～1916年《ねん》
- 生誕地《せいたんち》　スコットランド
- 大学《だいがく》で文学《ぶんがく》を学《まな》びながら、分析化学《ぶんせきかがく》の研究所《けんきゅうじょ》に通《かよ》って化学者《かがくしゃ》をめざす。ノーベル化学賞《かがくしょう》を受賞《じゅしょう》している。

なにもおこさないので、ほかの化学者《かがくしゃ》たちにはなまけものが見《み》えなかったのです。

それに、化学《かがく》の世界《せかい》では、136ページに出《で》てきたメンデレーエフの周期表《しゅうきひょう》のおかげで、すべての元素《げんそ》は発見《はっけん》しつくされたと思《おも》われていました。ところが、そうした考《かんが》えにとらわれることなく研《けん》究《きゅう》し、新《あたら》しい元素《げんそ》のなかまをラムゼーとレイリーは発見《はっけん》したのです。

どうしてなまけものがいることがわかった?

わたしたちの吸《す》っている空気《くうき》はなんでできているか知《し》っていますか。「空気《くうき》は酸素《さんそ》」と思《おも》いますよね。実《じつ》は、空気《くうき》はおもにちっ素《そ》と酸素《さんそ》でできています。

あるとき、レイリーが空気《くうき》からちっ素《そ》以外《いがい》の気《き》体《たい》をとりのぞいてちっ素《そ》だけにしました。

また、それとは別《べつ》におしっこに含《ふく》まれるアンモニアからもちっ素《そ》をとり出《だ》しました。

同《おな》じ成分《せいぶん》のはずなのに、空気《くうき》からとり出《だ》したちっ素《そ》は0・5%だけ重《おも》かったのです。なぜなのかわからなくて、レイリーは学会《がっかい》でだれかわかる人《ひと》はいませんか、と聞《き》きました。そのときラムゼーが、いっしょに研究《けんきゅう》しましょうと手《て》をあげました。

それでいろいろ調《しら》べるうち、**空気《くうき》からほかの気《き》体《たい》をとりのぞいて、ちっ素《そ》だけにしたと思《おも》った気《き》体《たい》のなかにアルゴンがあることがわかったのです。**たった0・5%の重《おも》さのちがいで、なにもしないでかくれていたなまけものは化学者《かがくしゃ》たちに見《み》つかってしまったのです。

空気《くうき》には、ネオンやヘリウムなども
ほんの少《すこ》しふくまれているよ。

チャールズ・バーノン・ボーイズ

変人《へんじん》がつくった鉄線《てっせん》より強《つよ》い素材《そざい》

ボーイズはひとことでいえば変人《へんじん》です。人《ひと》をびっくりさせるところがあって、たとえば、お茶《ちゃ》が熱《あつ》いと、カップを置《お》いているお皿《さら》にお茶《ちゃ》を入《い》れて、お皿《さら》からお茶《ちゃ》を飲《の》みました。裁判所《さいばんしょ》で科学者《かがくしゃ》として証言《しょうげん》をしなければならなかったときも、汚《きたな》いシャツを着《き》たままあらわれ、なにもかいていないノートを1ページやぶって、ネクタイとチョッキの下《した》にはさんで、シャツの汚《よご》れをかくしていました。

そんなふうに変《か》わったことばかりしているので、

プロフィール

- 生没年《せいぼつねん》　1855〜1944年《ねん》
- 生誕地《せいたんち》　イギリス
- 大学《だいがく》を卒業《そつぎょう》してから、石炭《せきたん》にかかわる仕事《しごと》についた。天体《てんたい》の観測《かんそく》のための道具《どうぐ》をつくったり、高速度写真《こうそくどしゃしん》の研究《けんきゅう》をしている。『シャボン玉《だま》の科学《かがく》』が有名《ゆうめい》。

さすがにわたしはしませんよ
ボーイズさん
その格好《かっこう》はなに?
ここは裁判所《さいばんしょ》だよ
なにか問題《もんだい》でも?
ほう…
そんな
汚《きたな》いシャツ
着《き》てたら
信用《しんよう》して
もらえないよ
シャツが白《しろ》ければ
よいのだね
パッ
ノート
これで
よし!
カサ
カサ
紙
ちょっ!
待《ま》っ…
ピーーーーッ
カサ
カサ
静《しず》まりかえった
法廷《ほうてい》に
カサカサ音《おん》が
ひびいて
いたとか
いないとか…
えー…
カサ
カサ
なんの音《おと》?
ん?

奥《おく》さんはきっとつかれてしまったのでしょう。それに、ボーイズもあまり奥《おく》さんを大切《たいせつ》にしていなかったようで、18年間《ねんかん》もいっしょにくらしたのに、奥《おく》さんは逃《に》げだしてしまいました。

そして、奥《おく》さんは若《わか》い男《おとこ》の人《ひと》と再婚《さいこん》したのでした。しかたないですね。

生活《せいかつ》を変《か》えてしまうガラスの繊維《せんい》を発明《はつめい》

ボーイズは、ニュートンが発見《はっけん》した重力《じゅうりょく》の強《つよ》さをこまかくはかったことで有名《ゆうめい》な物理学者《ぶつりがくしゃ》です。

その測定《そくてい》の前《まえ》に、ボーイズはガラスの繊維《せんい》をつくることにしました。ある日《ひ》、実験室《じっけんしつ》で熱《ねつ》してやわらかくなったガラスをつけた矢《や》を放《はな》つと、ものすごく細《ほそ》い糸《いと》のようなガラスができました。このガラスの繊維《せんい》は鉄線《てっせん》と同《おな》じくらい強《つよ》いものでした。

ガラス繊維《せんい》を使《つか》って、ボーイズは小《ちい》さい力《ちから》をびみょうなところまで正確《せいかく》にはかれる「天秤《てんびん》アーム」というものをつくりました。

科学《かがく》は、なにかをはかる技術《ぎじゅつ》や道具《どうぐ》が発見《はっけん》されたときに、急《きゅう》に発展《はってん》することがあります。ボーイズの天秤《てんびん》アームは、そういうものの1つです。

ボーイズは一般《いっぱん》の人向《ひとむ》けに1890年《ねん》に『シャボン玉《だま》の科学《かがく》』という本《ほん》をかいています。そのなかでは、シャボン玉《だま》を使《つか》ったいろいろな実験《じっけん》が紹介《しょうかい》されています。道具《どうぐ》がないとできないのですが、いまでも科学《かがく》の実験《じっけん》のおもしろさを伝《つた》える本《ほん》といわれています。

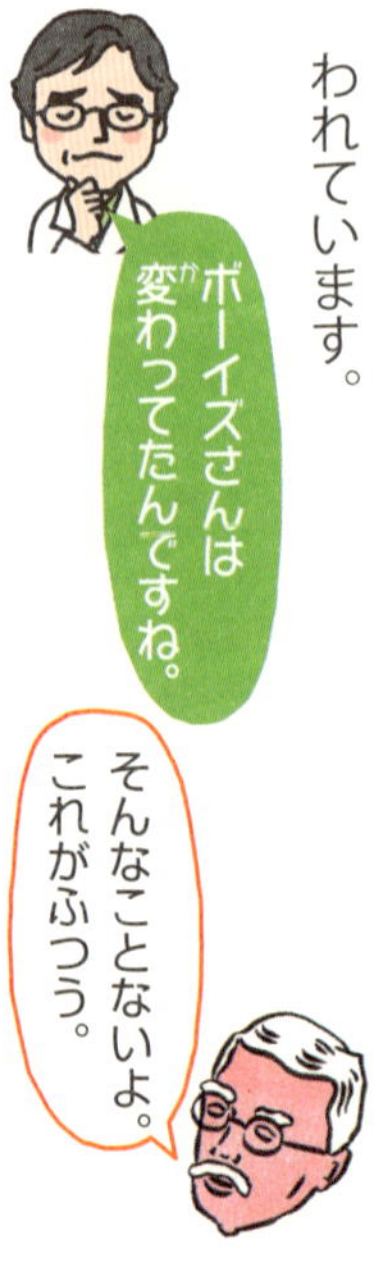
ボーイズさんは変《か》わってたんですね。
そんなことないよ。これがふつう。

丈夫《じょうぶ》でこわれにくいシャボン玉《だま》をつくろう!

シャボン玉《だま》をつくるときの一番《いちばん》のポイントは洗《せん》たくのり!
それに、シャボン玉液《だまえき》をたっぷりふくむことができる輪《わ》。
アルミホイルをねじると、すきまにシャボン玉液《だまえき》が入《はい》るのでつくりやすいよ。

材料《ざいりょう》 大《おお》きめで浅《あさ》い洗面器《せんめんき》、水《みず》、洗《せん》たくのり、網《あみ》じゃくし、食器《しょっき》洗《あら》い用洗剤《ようせんざい》、アルミホイル

つくり方《かた》

❶ 洗面器《せんめんき》に水《みず》と洗《せん》たくのりを入《い》れる。水《みず》1ℓ、洗《せん》たくのり500㎖の割合《わりあい》。網《あみ》じゃくしでしっかりまぜる。食器《しょっき》洗《あら》い用洗剤《ようせんざい》100㎖を入《い》れてさらにまぜる。

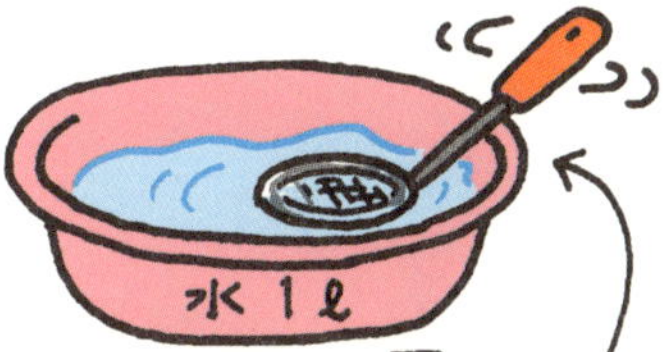
水 1ℓ

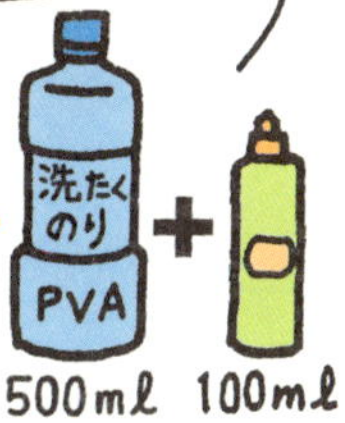
洗たくのり
PVA
500mℓ
100mℓ

ここでコツ
洗《せん》たくのりは、ポリビニルアルコール(PVA)という成分《せいぶん》が入《はい》ったものにしよう。

❷ アルミホイルでシャボン玉《だま》の枠《わく》をつくる。

アルミホイルは50㎝くらいで切《き》り、ねじって輪《わ》にする。大《おお》きくしたいときはつなげる。輪《わ》の大《おお》きさは自由《じゆう》に

アルミホイル

別《べつ》のアルミホイルで持《も》ち手《て》をつける

11の問題《もんだい》にチャレンジしよう

QUIZ《クイズ》 わかるかな？

1 磁石《じしゃく》にくっつくものはどれ？

① アルミホイル
② 10円玉《えんだま》
③ 鉄《てつ》のくぎ

2 光《ひかり》の3原色《げんしょく》はどれ？

① 赤《あか》・青《あお》・緑《みどり》
② 黄《き》・青《あお》・赤《あか》
③ 黒《くろ》・白《しろ》・赤《あか》

3 モノが燃《も》えるのには3つの条件《じょうけん》が必要《ひつよう》だね。燃《も》えるモノ、温度《おんど》、もう1つはなに？

① ちっ素《そ》
② 元素《げんそ》
③ 酸素《さんそ》

4 昆虫《こんちゅう》でないものはどれ？

① ハチ
② アリ
③ クモ

5 使《つか》い捨《す》てカイロは使《つか》う前《まえ》とあとでは重《おも》さがちがう？

① 使《つか》ったあとは重《おも》くなる
② 使《つか》ったあとは軽《かる》くなる
③ 変《か》わらない

6 太陽《たいよう》から出《で》た光《ひかり》はだいたい何分《なんぷん》で地球《ちきゅう》に届《とど》く？

① 約《やく》1分《ぷん》
② 約《やく》8分《ぷん》
③ 約《やく》34分《ぷん》

7 フーコーが実験《じっけん》をした場所《ばしょ》はどこ？

① エッフェル塔《とう》
② パリのパンテオン
③ エンパイアステートビル

8 エジソンは蓄音機《ちくおんき》を発明《はつめい》しました。その蓄音機《ちくおんき》に最初《さいしょ》に録音《ろくおん》した音楽《おんがく》はどれかな？

① めだかの学校《がっこう》
② 森《もり》のくまさん
③ メリーさんのひつじ

9 エジソンが電球《でんきゅう》を発明《はつめい》したときにフィラメントという部分《ぶぶん》に竹《たけ》を使《つか》いました。どこの国《くに》の竹《たけ》かな？

① 日本《にほん》
② アメリカ
③ 中国《ちゅうごく》

10 ゆで卵《たまご》が沈《しず》んでいる水《みず》に塩《しお》をどんどん入《い》れるとゆで卵《たまご》はどうなる？

① 沈《しず》んだまま
② 浮《う》かんでくる
③ 割《わ》れる

11 人間《にんげん》の体温《たいおん》と犬《いぬ》の体温《たいおん》、ふだんはどちらが高《たか》い？

① 犬《いぬ》のほうが高《たか》い
② 人間《にんげん》のほうが高《たか》い
③ 人間《にんげん》も犬《いぬ》も同《おな》じ

正解《せいかい》の数《かず》はいくつだった？

0〜3 ざんねんだったね
4〜8 てっぺんはちかいよ
9〜11 かがくしゃをめざそう！

答《こた》え Q1=③ Q2=① Q3=③ Q4=③ Q5=① Q6=② Q7=② Q8=③ Q9=① Q10=② Q11=①

田中舘愛橘《たなかだてあいきつ》

物理《ぶつり》の先生《せんせい》がぶちあげた「日本語《にほんご》をローマ字《じ》に!」

物理学者《ぶつりがくしゃ》なのに、なぜか「ローマ字《じ》の父《ちち》」とよばれる愛橘《あいきつ》。愛橘《あいきつ》は日本式《にほんしき》ローマ字《じ》を日本中《にほんじゅう》に広《ひろ》めようと、そこまでやるかというほど力《ちから》を入《い》れました。世界《せかい》に日本語《にほんご》を広《ひろ》めるにはローマ字《じ》でなければいかん、と思《おも》ったとか。また、科学《かがく》を勉強《べんきょう》するにはローマ字《じ》のほうがよいという考《かんが》えもあったといいます。自分《じぶん》がかくメモはもちろん、和歌《わか》（みじかい歌《うた》のようなもの）までローマ字《じ》。ローマ字《じ》の月刊誌《げっかんし》や新聞《しんぶん》をつくったり、「日本《にほん》のろーま字《じ》

プロフィール

- 生没年《せいぼつねん》　1856〜1952年《ねん》
- 生誕地《せいたんち》　日本《にほん》
- 現在《げんざい》の岩手県二戸市《いわてけんにのへし》の武士《ぶし》の家《いえ》に生《う》まれる。5才《さい》のころには日本《にほん》や中国《ちゅうごく》の本《ほん》で勉強《べんきょう》を始《はじ》める。16才《さい》のときに東京《とうきょう》に出《で》て東京開成学校《とうきょうかいせいがっこう》や東京大学《とうきょうだいがく》などで勉強《べんきょう》する。イギリスのグラスゴー大学《だいがく》、ドイツのベルリン大学《だいがく》へ留学《りゅうがく》。

会《かい》」をつくったり、ともかく〝ローマ字命《じいのち》〟。当《とう》時《じ》はすでにヘボン式《しき》ローマ字《じ》がありましたが、愛橘《あいきつ》がすすめたのはあくまでもみなさんが学校《がっこう》でならっているのとほとんど同《おな》じ日本式《にほんしき》ローマ字《じ》でした。このちがいは、たとえば「し」はヘボン式《しき》で「shi」、日本式《にほんしき》で「si」、「ち」はヘボン式《しき》で「chi」、日本式《にほんしき》で「ti」といった具合《ぐあい》です。

ところで、愛橘《あいきつ》は武士《ぶし》の家《いえ》の生《う》まれで、超《ちょう》スパルタ教育《きょういく》を受《う》けました。ですから、英語《えいご》もフランス語《ご》もペラペラ。なのに、日本語《にほんご》はずっとふるさとの二戸弁《にのへべん》のまま。

愛橘《あいきつ》は東京大学《とうきょうだいがく》で物理《ぶつり》を勉強《べんきょう》した最初《さいしょ》の人《ひと》で、大学《だいがく》では重力《じゅうりょく》をはかる研究《けんきゅう》をしました。卒業後《そつぎょうご》は、1891年《ねん》に岐阜県《ぎふけん》と愛知県《あいちけん》でおきた濃尾地震《のうびじしん》で、地層《ちそう》の大《おお》きなズレを発見《はっけん》しました。これは、いまの日本《にほん》の地震研究《じしんけんきゅう》のもととなっています。

また、航空機《こうくうき》の研究《けんきゅう》にも力《ちから》をつくしました。ライト兄弟《きょうだい》の世界初《せかいはつ》の有人動力飛行《ゆうじんどうりょくひこう》から6年後《ねんご》の1909年《ねん》、フランス人《じん》といっしょにグライダーをつくって、東京《とうきょう》の不忍池《しのばずのいけ》の上《うえ》を飛《と》ばしました。ただし、これは飛《と》んだのがフランス人《じん》だったので、愛橘《あいきつ》が初飛行《はつひこう》とはみとめられませんでした。

「地球物理学《ちきゅうぶつりがく》」といわれる分野《ぶんや》の研究《けんきゅう》でかつやくし、すぐれた弟子《でし》を大勢育《おおぜいそだ》て、日本《にほん》の科学《かがく》を世界《せかい》のレベルに近《ちか》づけた人《ひと》として、愛橘《あいきつ》はとても有名《ゆうめい》です。

ところで、100才《さい》ちかくまで生《い》きた愛橘《あいきつ》のお墓《はか》にほってある名前《なまえ》はローマ字《じ》です。

モノの長《なが》さをはかる単位《たんい》、メートルを日本《にほん》に広《ひろ》めたのも愛橘先生《あいきつせんせい》だよ。

ハインリヒ・ヘルツ

ほとんど見《み》えない光《ひかり》から電磁波《でんじは》を見《み》つけた

「電磁波《でんじは》」ってなんだ？　わかりますか。

水《みず》のなかに石《いし》をおとすと、波《なみ》ができて、それがまわりに広《ひろ》がりますね。電磁波《でんじは》もそんなイメージです。携帯電話《けいたいでんわ》は音《おと》を電気信号《でんきしんごう》に変《か》えて電波《でんぱ》にのせることで遠《とお》くはなれた人《ひと》と話《はな》すことができます。これって、無線《むせん》ですね。わたしたちの生活《せいかつ》では無《む》線《せん》なんてあたりまえですが、そのりくつを発見《はっけん》したのがヘルツです。

電磁波《でんじは》はもともと128ページに出《で》てきたマク

プロフィール

- 生没年《せいぼつねん》　1857～1894年《ねん》
- 生誕地《せいたんち》　ドイツ
- 数学《すうがく》と自然科学《しぜんかがく》が好《す》きで、時間《じかん》を見《み》つけては本《ほん》を読《よ》んでいた。大学《だいがく》ではむずかしい実験《じっけん》をあっという間《ま》にやってしまうほど優秀《ゆうしゅう》だった。

スウェルが数学《すうがく》の式《しき》を使《つか》って予測《よそく》していました。ヘルツは、これを実験《じっけん》で本当《ほんとう》のことだと証明《しょうめい》したのです。

その実験《じっけん》を説明《せつめい》するのはむずかしいのですが、ものすごく細《ほそ》くて、ものすごく短《みじか》い時間《じかん》しか光《ひか》らない光《ひかり》を、真《ま》っ暗《くら》な部屋《へや》で観察《かんさつ》するというものです。ヘルツは自分《じぶん》でも、「100分《ぶん》の1ミリ以下《いか》の光《ひかり》が100万分《まんぶん》の1秒《びょう》より短《みじか》いあいだしか光《ひか》らないのに、それを見《み》ようとするなんて、ばかげたことと思《おも》うかもしれない」といっています。

その後《ご》、その電磁波《でんじは》の速《はや》さを計算《けいさん》すると、光《ひかり》の速《はや》さと同《おな》じであることをつきとめました。さらに、電磁波《でんじは》はいろいろなモノのなかを通《とお》りぬけてしまうことや、モノによっては反射《はんしゃ》することも見《み》つけています。

もちろんその時代《じだい》には携帯電話《けいたいでんわ》はありませんでした。でも、ヘルツはこんなことをいっています。

「たとえ、体《からだ》が光《ひか》っていなくても、体《からだ》があったかいなら、そこには電気的《でんきてき》な力《ちから》がはたらいているのです。電気《でんき》は自然全体《しぜんぜんたい》に広《ひろ》がっているのです」

ヘルツは小《ちい》さいときから記憶力《きおくりょく》がよく、3才《さい》のころにはお話《はなし》をあんしょうしてしまうほどでした。15才《さい》になると、ギリシャ語《ご》やラテン語《ご》を学《まな》び、日《にち》曜《よう》には工具《こうぐ》を使《つか》っていろいろな器具《きぐ》をつくってしまう、オールマイティな秀才《しゅうさい》。それなのにまじめで、えらそうにすることはありませんでした。

ヘルツは病気《びょうき》のため、36才《さい》の若《わか》さで亡《な》くなってしまいました。

山極勝三郎《やまぎわかつさぶろう》

ウサギの耳《みみ》にコールタールをぬってがんを研究《けんきゅう》

「三日坊主《みっかぼうず》」という言葉《ことば》は勝三郎《かつさぶろう》の辞書《じしょ》にはなかった、にちがいありません。**ウサギの耳《みみ》にコールタール（石炭《せきたん》からとれる物質《ぶっしつ》）をぬってひたすらこする。この作業《さぎょう》を弟子《でし》といっしょに繰《く》り返《かえ》し、世界《せかい》で初《はじ》めて人工的《じんこうてき》にがんをつくることに成功《せいこう》しました。**コールタールをあつかう仕事《しごと》の人《ひと》にがんが多《おお》かったことが、コールタールを使《つか》った理由《りゆう》です。人工的《じんこうてき》ながんにどんな意味《いみ》があるのかなと思《おも》いますね。でもこれが、がんをつくる物質《ぶっしつ》やがん

プロフィール

- 生没年《せいぼつねん》　1863～1930年《ねん》
- 生誕地《せいたんち》　日本《にほん》
- 子《こ》どものころから、世界《せかい》の人《ひと》の役《やく》に立《た》ちたいと考《かんが》えていた。成績《せいせき》がよかったので東京《とうきょう》の医者《いしゃ》の養子《ようし》になる。ドイツに留学《りゅうがく》し、新《あたら》しい医学《いがく》を勉強《べんきょう》した。

ノーベル賞《しょう》にもまちがいがあるんだよ

ができる道《みち》すじを解《と》き明《あ》かすヒントになり、予防《よぼう》にも役立《やくだ》つのです。

当時《とうじ》の東京大学《とうきょうだいがく》の医学部《いがくぶ》では亡《な》くなった人《ひと》を解剖《かいぼう》するのも大切《たいせつ》な勉強《べんきょう》でした。勝三郎《かつさぶろう》は13年間《ねんかん》のあいだに、3014体《たい》を解剖《かいぼう》しました。

その結果《けっか》、がんだった人《ひと》の遺体《いたい》は237体《たい》、そのなかで胃《い》がんだった人《ひと》は107体《たい》もありました。胃《い》をしらべると、どうもむちゃくちゃ食《た》べて、飲《の》んでいる人《ひと》が多《おお》いようでした。そのため、勝三郎《かつさぶろう》は繰《く》り返《かえ》し同《おな》じ場所《ばしょ》を刺激《しげき》していると、がんになりやすいのではないかと考《かんが》えました。

マウスの耳《みみ》からウサギの耳《みみ》へ

　勝三郎《かつさぶろう》は留学先《りゅうがくさき》のドイツの先生《せんせい》からも、なんども同《おな》じ刺激《しげき》を受《う》けると、細胞《さいぼう》ががんになるかもしれないという話《はなし》を聞《き》いていました。それまでにも多《おお》くの人《ひと》たちが、動物《どうぶつ》を使《つか》った実験《じっけん》でがんを発生《はっせい》させようとしては失敗《しっぱい》していました。

　勝三郎《かつさぶろう》もマウスの耳《みみ》を使《つか》って人工的《じんこうてき》にがんをつくる実験《じっけん》を始《はじ》めましたが、これは失敗《しっぱい》。マウスの耳《みみ》は小《ちい》さすぎました。

　そんなとき、デンマークのフィビゲルという人《ひと》が、寄生虫《きせいちゅう》に感染《かんせん》しているゴキブリをラットに食《た》べさせて胃《い》がんをつくったという発表《はっぴょう》を聞《き》きました。これに刺激《しげき》され、ウサギの耳《みみ》で再《さい》チャレンジします。**本格的《ほんかくてき》な実験開始《じっけんかいし》から1年間《ねんかん》の努力《どりょく》がみのり実験《じっけん》は成功《せいこう》。**ところが、だれも信《しん》じてくれません。ただひとり、筒井秀二郎《つついひでじろう》という医者《いしゃ》が勝三郎《かつさぶろう》の実験《じっけん》をまねし、もっと早《はや》く確実《かくじつ》にがんをつくることに成功《せいこう》したのです。こうしてコールタールによるがんの発生《はっせい》は、世界《せかい》でみとめられるようになりました。

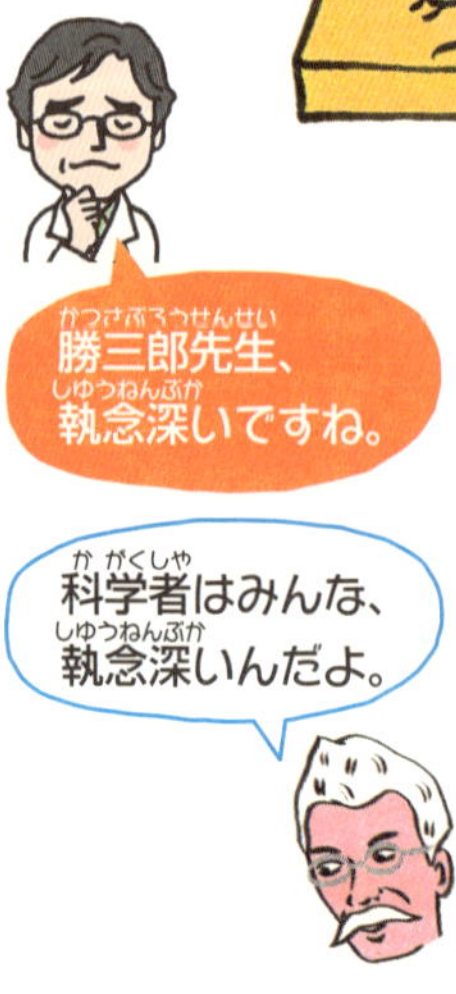
勝三郎先生《かつさぶろうせんせい》、執念深《しゅうねんぶか》いですね。
科学者《かがくしゃ》はみんな、執念深《しゅうねんぶか》いんだよ。

5つの問題《もんだい》に
チャレンジしよう

QUIZ《クイズ》 わかるかな？

1 カミナリが光《ひか》ってしばらくたってから
ゴロゴロと音《おと》が聞《き》こえました。
カミナリは近《ちか》い？　遠《とお》い？

① 遠《とお》い
② 近《ちか》い
③ どちらでもない

2 惑星《わくせい》が太陽《たいよう》のまわりを楕円《だえん》をえがいて
まわっていることを発見《はっけん》したのはだれ？

① ファーブル
② ケプラー
③ ノーベル

3 酢《す》のなかに汚《よご》れた10円玉《えんだま》を
入《い》れるとどうなる？

① 赤《あか》くなる
② 黒《くろ》くなる
③ ぴかぴかになる

4 ペットボトルにお湯《ゆ》を入《い》れて
ふたをしてから、冷《ひ》やしました。
ペットボトルはどうなる？

① へこむ
② 割《わ》れる
③ 変《か》わらない

5 一番《いちばん》冷《つめ》たい温度《おんど》は何度《なんど》？

① マイナス１００度《ど》
② マイナス２７３度《ど》
③ マイナス３２１度《ど》

正解《せいかい》の数《かず》は
いくつだった？

0～2
ちょっと
はんせい

3～4
もったい
なかった！

5
しょうらいが
たのしみだね

答《こた》え　Q1=①　Q2=②　Q3=③　Q4=①　Q5=②（絶対零度《ぜったいれいど》というよ）

マリー・キュリー

ノートはいまも鉛《なまり》の缶《かん》で管理《かんり》されている

元祖《がんそ》リケジョといえばマリーです。貧《まず》しい家庭《かてい》で育《そだ》ち、家庭教師《かていきょうし》のアルバイトをして学費《がくひ》をため、やっと大学《だいがく》を出《で》ています。けれど、世界《せかい》で初《はじ》めて2度《ど》ノーベル賞《しょう》を受賞《じゅしょう》しました。

1回目《かいめ》は放射能《ほうしゃのう》の研究《けんきゅう》に対《たい》して夫《おっと》のピエール・キュリーと、もうひとりの研究者《けんきゅうしゃ》との3人《にん》での受《じゅ》賞《しょう》でした。2回目《かいめ》は夫《おっと》が亡《な》くなってから、新《あたら》しい元素《げんそ》を発見《はっけん》したことにより受賞《じゅしょう》しました。そのあと、娘《むすめ》と娘《むすめ》の夫《おっと》も受賞《じゅしょう》したので、一家《いっか》で5つもノ

プロフィール

● 生没年《せいぼつねん》　1867〜1934年《ねん》

● 生誕地《せいたんち》　ポーランド

● 子《こ》どものころから記憶力《きおくりょく》がよかった。家庭教師《かていきょうし》をしながらパリ大学《だいがく》を卒業《そつぎょう》。夫《おっと》のピエールが亡《な》くなるまでいっしょに研究《けんきゅう》した。

ーベル賞《しょう》をとっています。アンビリーバボーな家《か》族《ぞく》ですね。

でも、ここにたどりつくまで、マリーとピエールは生活費《せいかつひ》と実験《じっけん》の費用《ひよう》をかせぐために先生《せんせい》をし、寝《ね》る間《ま》もおしんで実験《じっけん》をするという生活《せいかつ》を続《つづ》けました。

マリーが実験《じっけん》や研究《けんきゅう》をおこなっていた時代《じだい》は、まだ放射線《ほうしゃせん》がどれだけ危険《きけん》なものかわかっていませんでした。そのため、放射能《ほうしゃのう》をふくむラジウムという物質《ぶっしつ》を取《と》り出《だ》そうとして、何《なん》トンもの石《いし》をすりつぶしては大釜《おおがま》で1000万分《まんぶん》の1までグツグツにつめる、とてもあぶない作業《さぎょう》をおこなっていました。放射線《ほうしゃせん》をあびることは危険《きけん》だとわかってきても、マリーは研究《けんきゅう》に夢中《むちゅう》になって素手《すで》であつかっていました。**放射能《ほうしゃのう》は医学《いがく》に役立《やくだ》つものだと信《しん》じていたのです。**

ノーベル賞《しょう》を受賞《じゅしょう》し、賞金《しょうきん》ももらって、少《すこ》しは生活《せいかつ》も楽《らく》になりました。

ところが、その3年後《ねんご》にピエールが馬車《ばしゃ》にひかれて死《し》んでしまうという悲《かな》しいできごとがおきます。悩《なや》んだすえに、マリーはピエールがなるはずだったパリ大学《だいがく》の先生《せんせい》になりました。

このあとも、マリーの物語《ものがたり》はまだまだ続《つづ》きます。戦争《せんそう》でケガをした人《ひと》たちをレントゲン設備《せつび》をのせた車《くるま》で診察《しんさつ》したり、研究所《けんきゅうじょ》をつくったり。

いまでもマリーの残《のこ》した研究《けんきゅう》ノートは放射線《ほうしゃせん》をたくさん発《はっ》しているので、鉛《なまり》の缶《かん》にとじこめて保《ほ》存《ぞん》されています。

マリーの人生《じんせい》は本当《ほんとう》に〝山《やま》あり谷《たに》あり〟です。
ぜひ伝記《でんき》を読《よ》んでください。

アーネスト・ラザフォード

光線《こうせん》や原子核《げんしかく》の発見《はっけん》でワニが男爵《だんしゃく》になった

「ワニ」というあだ名《な》をつけられていたラザフォード。ごうかいな性格《せいかく》で、後《うし》ろをふりかえらず、口《くち》を大《おお》きく開《あ》けて、のっしのっしと前《まえ》に進《すす》むワニのようだったので、このあだ名《な》がつけられました。

ラザフォードは、ケンブリッジ大学《だいがく》にあるキャベンディッシュ研究所《けんきゅうじょ》やカナダのマギル大学《だいがく》などで放射線《ほうしゃせん》の研究《けんきゅう》をしました。弟子《でし》たちにとても愛《あい》されたワニで、研究所《けんきゅうじょ》では、弟子《でし》たちの実験《じっけん》がうまくいっているかどうか、毎日《まいにち》歩《ある》きまわって、み

プロフィール

●生没年《せいぼつねん》　1871〜1937年《ねん》

●生誕地《せいたんち》　ニュージーランド

●家《いえ》は貧《まず》しかったが教育《きょういく》に熱心《ねっしん》な両親《りょうしん》だった。地元《じもと》の大学《だいがく》を卒業《そつぎょう》したあと、しょう学金《がくきん》でケンブリッジ大学《だいがく》に留学《りゅうがく》。ノーベル賞《しょう》を受賞《じゅしょう》している。

んなに声《こえ》をかけていました。ラザフォードがまわってくると、となりの部屋《へや》にも聞《き》こえるくらい大《おお》きな声《こえ》で話《はな》していたそうです。

研究所《けんきゅうじょ》の天井《てんじょう》には、「(研究《けんきゅう》のじゃまになるので)しずかにお話《はな》しください」という看板《かんばん》がぶらさがっていたんですけれどね。

このころ、物理《ぶつり》の研究《けんきゅう》では、いままでの研究《けんきゅう》では考《かんが》えられないような新《あたら》しいことがわかりかけていました。エックス線《せん》が見《み》つかったのもこのころです。ラザフォードもアルファ線《せん》、ベータ線《せん》という光線《こうせん》を発見《はっけん》しました。また、モノをどんどんこまかくして、これ以上小《いじょうちい》さくできなくなったとき、そのまんなかに「原子《げんし》核《かく》」というものがあるということや、その原子《げんし》核《かく》はほうっておくと自然《しぜん》に変《へん》化《か》していくという法則《ほうそく》も発見《はっけん》しました。こうした発見《はっけん》により、ラザフォードは「原子《げんし》物理《ぶつり》学《がく》の父《ちち》」とよばれています。

ラザフォードは正義感《せいぎかん》がつよく、ナチスがユダヤ人《じん》を迫害《はくがい》しているときには、ユダヤ人《じん》の科学者《かがくしゃ》を助《たす》ける運動《うんどう》もしました。助《たす》かった人《ひと》のなかにはアインシュタイン(164ページ)もいたようです。

ラザフォードは弟子《でし》を育《そだ》てるのが上手《じょうず》で、指導《しどう》した人《ひと》たちのなかからは10人以上《にんいじょう》もノーベル賞受《しょうじゅ》賞者《しょうしゃ》が出《で》ています。もちろん、自分自身《じぶんじしん》もノーベル化学賞《かがくしょう》をもらっています。また、イギリスから1914年《ねん》にはナイト、1931年《ねん》には男爵《だんしゃく》の称《しょう》号《ごう》をもらっています。

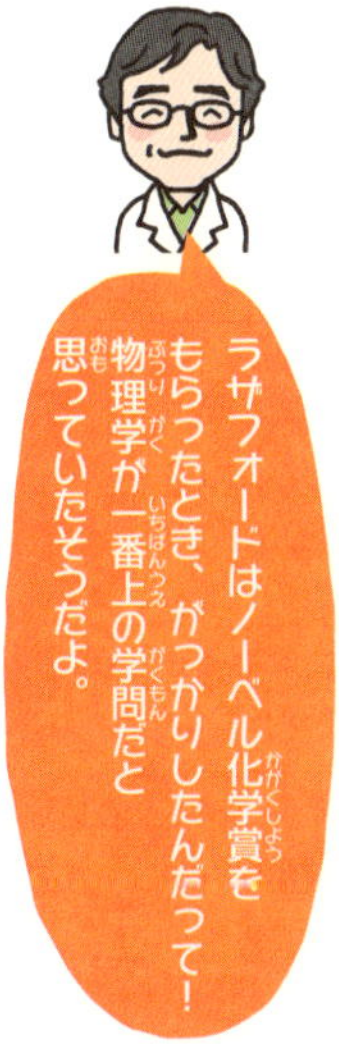
ラザフォードはノーベル化学賞《かがくしょう》を
もらったとき、がっかりしたんだって!
物理学《ぶつりがく》が一番上《いちばんうえ》の学問《がくもん》だと
思《おも》っていたそうだよ。

アルベルト・アインシュタイン

時間《じかん》と空間《くうかん》はのびちぢみする？

アインシュタインは、「相対性理論《そうたいせいりろん》」という、ものすごくむずかしい理論《りろん》を考《かんが》えた20世紀《せいき》最高《さいこう》の科学者《かがくしゃ》です。この理論《りろん》をとっても簡単《かんたん》にいうと、時間《じかん》と空間《くうかん》はのびちぢみする、という感《かん》じ。う〜ん、むずかしい！

子《こ》どものころのアインシュタインはあまり話《はなし》をするのが得意《とくい》ではなかったのですが、9才《さい》になると数学《すうがく》の才能《さいのう》がはじけ、「ピタゴラスの定理《ていり》」（9ページ）を自分《じぶん》で証明《しょうめい》してしまいました。さすが、

いつか未来《みらい》に
行けちゃうかもよ・

プロフィール

- 生没年《せいぼつねん》　1879〜1955年《ねん》
- 生誕地《せいたんち》　ドイツ
- 子《こ》どものころはあまり勉強《べんきょう》せず、バイオリンが大好《だいす》きだった。9才《さい》のころ数学《すうがく》に興味《きょうみ》をもつ。チューリッヒのスイス連邦工科大学《れんぼうこうかだいがく》に入学《にゅうがく》して数学《すうがく》と物理《ぶつり》を学《まな》ぶ。ノーベル賞《しょう》を受賞《じゅしょう》している。

といいたいところですが、16才《さい》で受《う》けた大学《だいがく》はなんと不合格《ふごうかく》。数学《すうがく》と物理《ぶつり》は最高点《さいこうてん》だったのに、ほかの学科《がっか》の点数《てんすう》がたりなかったためです。翌年《よくとし》2度目《どめ》のチャレンジで合格《ごうかく》しました。

アインシュタインはものすごく頭《あたま》がいいのに、授業《じゅぎょう》はサボるわ、先生《せんせい》には反抗《はんこう》するわ、好《す》きなことしか勉強《べんきょう》しないわ、実験中《じっけんちゅう》に爆発事故《ばくはつじこ》をおこすわのダメダメ学生《がくせい》でした。だから、卒業《そつぎょう》しても大《だい》学《がく》に残《のこ》って先生《せんせい》の助手《じょしゅ》になることはできず、バイト生活《せいかつ》をするはめになりました。みかねた友《とも》だちの紹介《しょうかい》で特許庁《とっきょちょう》という役所《やくしょ》に就職《しゅうしょく》。その後《ご》は大学《だいがく》時代《じだい》の同級生《どうきゅうせい》と結婚《けっこん》もして安定《あんてい》した生活《せいかつ》を送《おく》りつつ、ちゃんと研究《けんきゅう》もして相対性理論《そうたいせいりろん》などいくつものすぐれた論文《ろんぶん》を発表《はっぴょう》します。

こうした論文《ろんぶん》が評価《ひょうか》されて、母校《ぼこう》の大学《だいがく》の先生《せんせい》になるのですが、この大事《だいじ》なときに、アインシュタインは浮気《うわき》をしてしまいます。すったもんだの大《おお》ゲンカ。そのころ、アインシュタインはたいしてお金《かね》もなかったので、奥《おく》さんに「ノーベル賞《しょう》をとったら、賞金《しょうきん》をくれてやるぅ」と宣言《せんげん》し、離婚《りこん》にこぎつけました。そして2年後《ねんご》の1921年《ねん》に、本当《ほんとう》にノーベル物理学賞《ぶつりがくしょう》を受賞《じゅしょう》します。

アインシュタインは離婚後《りこんご》すぐに再婚《さいこん》しています。どうも、アインシュタインはかなりのモテ男《お》君《くん》で、ちょくちょく浮気《うわき》をしていたようです。

1922年《ねん》には奥《おく》さんといっしょに日本《にほん》に来《き》ています。もともと日本《にほん》が大好《だいす》きで、帰《かえ》る前《まえ》には「日本国民《にほんこくみん》のように純真《じゅんしん》な心《こころ》をもった人《ひと》には会《あ》ったことがない」と、ちょっとうれしい感想《かんそう》をのべています。

おわりに

2000年前《ねんまえ》、いやいやそんなに昔《むかし》じゃなく、100年前《ねんまえ》の人《ひと》が現代《げんだい》のわたしたちの暮《く》らしを見《み》たとしても、とても驚《おどろ》くに違《ちが》いありません。だって、わたしたちは携帯電話《けいたいでんわ》で遠《とお》く離《はな》れた人《ひと》と話《はな》しています。飛行機《ひこうき》で海外《かいがい》に、ロケットで宇宙《うちゅう》にだって行《い》っています。

たくさんの科学者《かがくしゃ》の研究《けんきゅう》のおかげで私《わたし》たちの生活《せいかつ》はとても豊《ゆた》かなものになりました。たとえば電気《でんき》。始《はじ》まりは静電気《せいでんき》でした。最初《さいしょ》から「電気《でんき》は役《やく》に立《た》つに違《ちが》いない」と思《おも》って研究《けんきゅう》していたわけではないでしょう。「不思議《ふしぎ》だな」と思《おも》ったことを、たくさんの人《ひと》が研究《けんきゅう》して、いろんな発見《はっけん》を繰《く》り返《かえ》した結果《けっか》、役《やく》に立《た》つものになったのです。

この本《ほん》でもいくつか実験《じっけん》を紹介《しょうかい》しています。実際《じっさい》にやってみていろんな発見《はっけん》をしてみてください。もしかしたら、君《きみ》の疑問《ぎもん》や発見《はっけん》が科学《かがく》の進歩《しんぽ》につながるかもしれません！

この本《ほん》に登場《とうじょう》する科学者《かがくしゃ》たちの驚《おどろ》きやひらめき、へんてこな生活《せいかつ》を知《し》って、少《すこ》しでも科学《かがく》に興味《きょうみ》を持《も》ってもらえればうれしいです。

米村《よねむら》でんじろう

参考文献
『アルフレッド・ノーベル伝』 ケンネ・ファント 服部まこと／訳 新評論
『異貌の科学者』（丸善ライブラリー） 小山慶太 丸善
『おもしろ実験と科学史で知る物理のキホン』（サイエンス・アイ新書） 渡辺儀輝 SBクリエイティブ
『面白すぎる天才科学者たち』（講談社＋α文庫） 内田麻理香 講談社
『科学偉人伝』 ムロタニ・ツネ象 くもん出版
『科学史人物事典』（中公新書） 小山慶太 中央公論新社
『科学史年表 増補版』（中公新書） 小山慶太 中央公論新社
『科学者たちはなにを考えてきたか』（BERET SCIENCE） 小谷太郎 ベレ出版
『科学その歩み』 藤村淳・肱岡義人・江上生子・兵藤友博 東京教学社
『化学の歴史』（ちくま学芸文庫） アイザック・アシモフ 玉虫文一・竹内敬人／訳 筑摩書房
『完訳 ファーブル昆虫記 9』（岩波文庫） J.H.ファーブル 山田吉彦・林達夫／訳 岩波書店
『ご冗談でしょう、ファインマンさん』（上）（下）（岩波現代文庫） R.P.ファインマン 大貫昌子／訳 岩波書店
『暦をつくった人々』 デイヴィッド・E・ダンカン 松浦俊輔／訳 河出書房新社
『しゃぼん玉の科学』 C.V.Boys 矢田義男／訳 槇書店
『少年少女 ファーブル昆虫記 1』 ファーブル 古川晴男／訳 偕成社
『世界の科学者図鑑』 アンドルー・ロビンソン 柴田譲治／訳 原書房
『世界を変えた天才科学者50人』（KAWADE夢文庫） 夢プロジェクト／編 河出書房新社
『世界をつくった6つの革命の物語 新・人類進化史』 スティーブン・ジョンソン 大田直子／訳 朝日新聞出版
『パスツール』（講談社 火の鳥伝記文庫） 高橋昌義 講談社
『ファーブル』 ワシリエワ, ハリフマン 杉山利子／訳 明治図書出版
『物理学天才列伝』（上）（下）（ブルーバックス） ウィリアム・H・クロッパー 水谷淳／訳 講談社
『放屁論』（風々齋文庫） 平賀源内 書肆風々齋
『マンガ おはなし化学史』（ブルーバックス） 松本泉／原作 佐々木ケン／漫画 講談社
『歴史でわかる科学入門』 ウィリアム・F・バイナム 藤井美佐子／訳 太田出版
『ロウソクの科学』（岩波文庫） ファラデー 矢島祐利／訳 岩波書店
『ロジャー・ベイコン』 伊東俊太郎／責任編集 朝日出版社

参考ホームページ等
「世界大百科事典 第2版」ウェブ版
「日本大百科全書（ニッポニカ）」ウェブ版
「ニューワイド学習百科事典（学研キッズネット）」ホームページ
「百科事典マイペディア」ウェブ版
「ブリタニカ国際大百科事典 小項目事典」ウェブ版

「上田市マルチメディア情報センター」ホームページ
「大阪市立科学館」ホームページ
「香川大学工学部・大学院工学研究科」ホームページ
「金沢工業大学」ホームページ
「津山洋学資料館」ホームページ
「日本医史学会」ホームページ
「日本化学会」ホームページ
「橋本宗吉関係の文献リスト」 嘉数次人 大阪市立科学館研究報告 24, 5-8（2014）
「平賀源内記念館」ホームページ
「ぷりんとぴあ」ホームページ

https://www.britannica.com/biographies
http://www-groups.dcs.st-and.ac.uk/
https://makingscience.royalsociety.org/s/rs/page/welcome
https://mathscinet.ams.org/mathscinet/
https://www.encyclopedia.com
http://frombork.art.pl/pl/
https://www.rte.ie/brainstorm/2019/0403/1040447-the-post-lunch-nap-which-changed-the-world-of-chemistry/

米村でんじろう

米村でんじろうサイエンスプロダクション代表。1955年、千葉県に生まれる。東京学芸大学大学院理科教育専攻科修了後、自由学園講師、都立高校教諭を務めた後、科学の楽しさを伝える仕事を目指し、1996年独立。NHK「オレは日本のガリレオだ!?」などに出演。1998年米村でんじろうサイエンスプロダクション設立。サイエンスプロデューサーとして科学実験等の企画・開発、各地でのサイエンスショー・実験教室・研修会などの企画・監修・出演など、さまざまな分野、媒体で幅広く活躍中。主な著書（監修）に、『でんじろう先生のわくわく科学実験』（日東書院本社）、『でんじろう先生のおもしろ科学実験室』シリーズ（新日本出版社）、『でんじろう先生の学校の理科がぐんぐんわかるおもしろ実験』（主婦と生活社）などがある。

装幀・本文デザイン　伊藤祝子
協力　海老谷浩（米村でんじろうサイエンスプロダクション）
構成　奥田由意
人物イラスト　マグマジャイアンツ
漫画・実験イラスト　秋田綾子
DTP　美創
編集協力　鮎川京子
編集　鈴木恵美（幻冬舎）

でんじろう先生《せんせい》の科学《かがく》は爆発《ばくはつ》だ
おもしろ科学者《かがくしゃ》大《だい》図鑑《ずかん》

2019年8月30日　第1刷発行

監　修　米村でんじろう
発行者　見城　徹

発行所　株式会社 幻冬舎
〒151-0051 東京都渋谷区千駄ヶ谷4-9-7
電話　03-5411-6211（編集）
03-5411-6222（営業）
振替　00120-8-767643
印刷・製本所　中央精版印刷株式会社

検印廃止

ISBN978-4-344-03502-7 C0095
Printed in Japan
幻冬舎ホームページアドレス https://www.gentosha.co.jp/
この本に関するご意見・ご感想をメールでお寄せいただく場合は、comment@gentosha.co.jpまで。